中共黑龙江省委党校（黑龙江省行政学院）学术著作出版资助项目（DXCB2203）

RESEARCH ON THE SYNERGY OF OPEN GOVERNMENT DATA POLICY

开放政府数据政策协同研究

洪伟达　王　政　著

社会科学文献出版社
SOCIAL SCIENCES ACADEMIC PRESS (CHINA)

前　言

2009 年，美国颁布《透明和开放政府备忘录》（*Transparency and Open Government*），拉开了开放政府数据政策的大幕，随后世界各国纷纷出台本国的开放政府数据政策法规，推动开放政府数据实践的发展。2015 年，我国发布国家大数据战略《促进大数据发展行动纲要》之后，各级政府部门相继出台后续政策，初步构建了开放政府数据政策体系。随着政策数量、主体的不断增加，逐渐形成由具有目标共同、主体多元、手段众多、层面跨越、交互复杂等特点的政策链、政策群、政策网组成的政策体系。随着开放政府数据政策复杂性、动态性、整体性和耦合性的不断加深，政策主体、客体、工具、理念、目标等方面的协同状态将对开放政府数据政策的效能以及政府数据公开、共享、开发、利用效果产生重要的影响。鉴于此，本研究着眼于提升我国开放政府数据政策的协同程度，在解析我国开放政府数据政策协同运行机理的基础上，借鉴国际上先进经验，对我国省级以上的政策协同状态进行分析和计算，找出我国开放政府数据政策协同方面的不足，提出加强我国开放政府数据政策协同的对策。

本书共分为七章。

第一章为绪论。本章从研究背景、意义和目的入手，对已有国内外相关研究成果进行梳理和述评，探讨开放政府数据政策的理论和现实意义，对已有研究进行总结与述评，进而明确研究的内容、方法和思路。

经文献研究发现，国外通过政策协同视角针对中国开放政府数据政策的专门性研究相对较少。国内融合协同学、系统论、政策科学等思想、理论、方法和工具，对开放政府数据的政策协同问题进行专门性研究相对不足，仍有提升空间。

第二章为开放政府数据政策协同的概念和理论基础。本章主要包含核心概念界定和理论基础梳理两方面。首先，对开放政府数据政策、政策协同、开放政府数据政策协同等核心概念进行界定；其次，梳理本研究的理论基础，具体包括协同学、系统论及政策科学等。

第三章为国内外开放政府数据政策对比和分析。本章通过梳理我国开放政府数据政策体系建设与发展的历程、现状和特征，介绍世界经济论坛、经济合作与发展组织等国际组织以及美国、欧盟、英国等国家和地区的开放政府数据政策，从中总结国外政府数据政策的成功经验，为我国提升开放政府数据政策的科学性、整体性、协同性提供经验启示。

第四章为开放政府数据政策协同机理解析。本章从要素和子系统的角度对开放政府数据政策体系的政策理念、政策目标、政策主体、政策客体、政策工具和主体子系统、客体子系统和运行子系统以及外部环境进行实证考察和辩证分析，分析了政策协同运行的作用机理、影响因素和理想状态。

第五章为我国开放政府数据政策协同的实证分析。本章通过收集617项2012~2020年省部级及以上开放政府数据政策，从政策强度、政策目标和政策工具三个维度设计了政策量化标准，并据此对收集的政策文本进行量化，构建了政策效力、政策目标协同度、政策工具协同度的度量模型，对我国开放政府数据政策协同状态进行分析，为找出我国开放政府数据政策协同不足的问题和原因提供数据支撑。

第六章为我国加强开放政府数据政策协同的对策。本章从加强开放政府数据政策体系要素的协同、子系统的协同、与外界环境的协同等多维度、多角度，提出我国加强开放政府数据政策协同的对策。本研究认为，在要素协同方面，要加强理念协同、目标协同、主体协同、客体协同、工具协同；在子系统协同方面，加强政策主体子系统协同、加强政策运行子系统协同、加强政策客体子系统协同；在与外界环境协同方面，增进与其他政策的协同、与国际政策的协调。

第七章为结论。本章对全书进行梳理，得出主要的研究结论，指出研究的局限以及未来的研究方向。

目　录

第一章　绪论

当今世界，无论是发达国家，还是新兴经济体，都将发展大数据战略作为实现经济社会发展与转型以及提升政府治理水平的契机。其中，开放政府数据是推进大数据战略实施的重要切入点。我国党和政府高度关注、重视大数据战略与开放政府数据政策的实施。2015 年 8 月，国务院发布的《促进大数据发展行动纲要》将“政府数据开放共享，推动资源整合，提升治理能力”作为发展国家大数据战略的首要任务；此后，各级党政部门相继出台多项涉及开放政府数据的政策文件。

第一节　研究背景、意义和目的

本研究的选题植根于方兴未艾的大数据浪潮以及开放政府和开放数据运动的时代背景，以政策协同的视角审视开放政府数据政策，分析如何提升开放政府数据政策协同情况。

一　研究背景

在我国，政府是数据的最大拥有者，大约 80% 的数据掌握在政府手中。政策是规范和保障政府数据规范运行的重要手段和措施。在大数据背景下，如何让政府数据涉及的各项政策更加协同、高效，最终提升政府效能、促进经济发展、完善社会治理、繁荣文化发展、增进人民福祉，是世界各国数字化发展中需要思考的重要战略问题。

（一）人类社会进入大数据时代

随着信息化技术的发展和普及，数据总量不断扩大，数据逐渐呈现体量巨大、种类丰富、价值较高的特征。早在 1980 年，未来学家阿尔文·托夫勒（Alvin Toffler）在《第三次浪潮》中就首次使用“大数据”这一词汇，将大数据称为“第三次浪潮的华彩乐章”。《大数据时代》的作者维克托·迈尔-舍恩伯格（Viktor Mayer-Schönberger）曾说过：“世界的本质是数据。”[①] 2011 年，麦肯锡公司在发布的《大数据：创新、竞争与生产力的下一个前沿》（*Big Data: The Next Frontier for Innovation, Competition, and Productivity*）报告中首次提出“大数据”的概念，并指出：“数据已渗透到每一个行业和业务职能领域，逐渐成为重要的生产因素，而人们对于海量数据的运用将预示着新一波生产率增长和消费者盈余浪潮的到来。”[②] 2012 年，时任美国总统贝拉克·奥巴马（Barack Obama）在发布的《大数据研究和发展倡议》中将“数据”定义为“未来的石油”；IBM 执行总裁罗睿兰认为：“数据将成为一切行业当中决定胜负的根本因素，最终数据将成为人类至关重要资源。”[③] 2020 年 4 月，中共中央、国务院印发《关于构建更加完善的要素市场化配置体制机制的意见》，提出“加快培育数据要素市场”的改革方向和“推进政府数据开放共享”“提升社会数据资源价值”“加强数据资源整合和安全保护”的具体举措，将“数据”与土地、劳动力、资本、技术并列为生产要素，对于建立统一的数据标准规范、支持构建多领域数据开发利用场景、全面提升数据要素价值具有重大现实意义。

---

① 维克托·迈尔-舍恩伯格、肯尼思·库克耶：《大数据时代》，盛杨燕、周涛译，浙江人民出版社，2013，第 3 页。

② 翟云：《智慧治理：“互联网+”时代的政府治理创新》，国家行政学院出版社，2016，第 2 页。

③ 张莉：《数据治理与数据安全》，人民邮电出版社，2019，第 129 页。

随着大数据、云计算、物联网、人工智能、区块链等技术的快速发展与广泛应用，数据成为科学和技术创新的重要驱动力，开始对一个地区、国家甚至全球的经济社会发展发挥重要作用并产生重要影响，[①] 一个国家未来的竞争力也将主要体现在拥有数据的规模以及运用数据的能力上。世界各国相继通过制定战略性文件的形式推动大数据的发展和应用，政府作为开放政府数据的主体，将数据带来的经济价值、社会价值和政治价值作为制定政策和决策的重要依据。在全球范围内，运用大数据推动经济发展、实现科技创新、完善社会治理、提升政府服务能力正成为趋势。在经济领域，大数据推进数字经济持续创新发展。2022 年，我国数字经济规模达 50.2 万亿元，总量稳居世界第二，占 GDP 比重提升至 41.5%，数字经济成为稳增长、促转型的重要引擎。[②] 在科研领域，大数据改变了科学研究的范式。图灵奖得主吉姆·格雷（Jim Gray）于 2007 年 1 月提出，科学发展正在进入“数据密集型科学发现范式”——科学史上的“第四范式”。在政府治理领域，大数据技术促进开放政府建设，政府数据开放，加强了行政问责，增强了政府透明度，提升了政府公共决策水平，提高了社会对政府的信任度，减少了腐败发生的可能性。《2020 联合国电子政务调查报告》指出，优化利用政务数据，将有助于提高公共机构的成效、问责和包容性，建立在数据基础上的政府将有助于提高信誉和公正性。[③]

（二）政府数据重要性日益凸显

随着开放政府运动在世界各国的兴起，政府数据已成为一种重要的战略资源，政府数据的开发、共享、利用，对于政府的透明程度、服务

① 马海群、洪伟达：《我国开放政府数据政策协同的先导性研究》，《图书馆建设》2018 年第 4 期。

② 《2022 年我国数字经济规模达 50.2 万亿元》，https：//www.gov.cn/yaowen/2023-04/28/content_ 5753561.htm。

③ 王益民：《全球电子政务发展前沿与启示——〈2020 联合国电子政务调查报告〉解读》，《行政管理改革》2020 年第 12 期。

水平和治理能力的提升以及经济社会文化的创新和发展都具有重要意义。政府数据的开放、共享、利用和保护，不仅需要技术支撑，更需要政策引导、规范、保障和激励。

2009 年，美国政府提出“开放政府计划”，开放政府数据逐渐走到人类社会“舞台”的中央，此后相继于 2009 年发布《开放政府指令》、2012 年发布《数字政府战略》、2013 年发布《开放数据政策》、2018 年发布《开放政府国家行动计划》，持续推动开放政府的建设和发展。

我国党和国家对开放政府数据高度重视，通过提出创新驱动发展、网络强国、数字中国等重大战略部署，推动政府数据开放共享程度逐渐深化、开放政府数据政策相继出台、数据产业在国家和社会创新中地位不断提升、数据产业对政府数据需求逐渐增强。习近平总书记在中央政治局就实施国家大数据战略进行第二次集体学习时强调：“在互联网经济时代，数据是新的生产要素，是基础性资源和战略性资源，也是重要生产力。”① 党的十九届五中全会提出，坚定不移建设网络强国、数字中国，加快数字化发展。《国民经济和社会发展第十四个五年规划和 2035 年远景目标纲要》（简称“‘十四五’规划纲要”）中将“加快数字化发展，建设数字中国”列为单独的一篇，提出“迎接数字时代，激活数据要素潜能，推进网络强国建设，加快建设数字经济、数字社会、数字政府，以数字化转型整体驱动生产方式、生活方式和治理方式变革”。② 党的二十大报告提出，加快建设网络强国、数字中国，并作出战略部署。2023 年 3 月，中共中央、国务院印发的《数字中国建设整体布局规划》提出，数字中国建设按照“2522”的整体框架进行布局，即夯实数字基础设施和数据资源体系“两大基础”，推进数字技术

---

① 《习近平：推动实施国家大数据战略 加快建设数字中国》，http：//www.xinhuanet.com/2017-12/09/c_ 1122084706.htm。

② 《中华人民共和国国民经济和社会发展第十四个五年规划和 2035 年远景目标纲要》，http：//m.xinhuanet.com/2021-03/13/c_ 1127205564.htm。

与经济、政治、文化、社会、生态文明建设“五位一体”深度融合，强化数字技术创新体系和数字安全屏障“两大能力”，优化数字化发展国内国际“两个环境”；到2025年，基本形成横向打通、纵向贯通、协调有力的一体化推进格局，数字中国建设取得重要进展。一系列法规、政策、文件的颁布和出台，对政府数据的开放和利用起到指引、规范和保障的作用。北京、上海、贵州等20多个省级、10多个地市级政府出台了地方性配套法规政策文件；截至2022年10月，208个省级和城市的地方政府上线了数据开放平台，其中省级平台21个（含省和自治区，不包括直辖市和港澳台）、城市平台187个（含直辖市、副省级与地级行政区）。[①]

（三）开放政府数据政策仍需完善

开放政府数据政策是保障政府数据在生命周期中各环节价值和效益发挥的重要环境基础，具有丰富的内涵和外延，随着政策数量、范围、主体的不断增加，构成了具有目标共同、主体多元、手段众多、层面跨越、交互复杂等特点的政策链—政策群—政策网多维政策体系。随着开放政府数据政策复杂性、动态性、整体性和耦合性的不断加深，政策主体、客体、工具、理念、目标等方面的协同程度将对开放政府数据政策的效能以及政府数据公开、共享、开发、利用效果产生重要的影响。针对开放政府数据政策的研究，涉及政策科学、公共管理学、信息科学等学科，是典型的学科交叉领域。但是，原有的政府信息资源管理和公共管理的理论、方法、模式和范式已经无法适应新形势、新发展、新情况和新任务。

为保障和推进我国开放政府数据的采集、存储、获取、利用、传播等工作的顺利开展以及开放政府数据政策的高效实施，需要开放政府数据政策研究在原有信息政策相关理论的基础上，运用新理论、采用新方

① 复旦大学数字与移动治理实验室：《中国地方政府数据开放报告——省域指数（2022年度）》，复旦大学数字与移动治理实验室官网，2023年1月10日，http://ifopendata.fudan.edu.cn/report。

法、构建新范式、探索新模式，充分考虑各子系统、各要素、各变量以及外部环境在开放政府数据政策中的定位和相互之间的影响，通过调动、协调、管理各种要素参与开放政府数据政策实践活动，形成协同合力。

二 研究意义

针对如何提升开放政府数据的政策协同问题，本研究基于协同学和系统论引入政策协同的概念和理论，该理论不仅是对开放政府数据相关理论的创新探索和政策协同理论的拓展应用，也是对国家大数据战略的贯彻落实、政府向开放型服务型转型的积极回应、数字化转型发展的理论探索，具有较强的学术价值和应用价值。

（一）学术价值

一是融合多学科审视开放政府数据政策的协同问题。政策文本能够体现一个国家和地区履行社会管理和公共服务职能的指导方针，是对一段时期内完成某一领域特定目标和任务的行动准则，体现了国家和地区发展战略和策略的基本原则和导向。本研究融合政策科学、协同学、系统论的思想、理论、方法和工具，应用于开放政府政策领域的研究中，为我国开放政府数据政策研究提供了多角度、跨学科、全方位、广视域的研究视角，深化和发展了开放政府数据政策协同的理论框架和模型，促进多学科、跨领域的理论融合，提升信息资源管理学科体系、学术体系、话语体系的建设与创新。对开放政府数据政策文本的研究，有助于找出我国现有开放政府数据政策存在的不足之处，为今后进一步完善政策体系、提升政策效能提供学理支撑。

二是尝试多角度解构政府数据政策主体间的协同关系。政府数据的开放、共享、开发和利用已成为国家实施创新发展和高质量发展战略的重要推动力，各级党委和政府通过出台相关政策对开放政府数据全生命周期进行指导、规范、约束，政策的效果和效能是政策制定者和研究者需要考量的重要因素和追求的重要目标。我国在行政体制方面一定程度地存在“条块分割”、利益冲突、“政出多头”等现象，更加需要各级政府部门、社会组织、企业、公众等主体，通过协同治理模式保障开放政府数据政策的有序、协同、高效运行，从而提升党委和政府在开放政府数据领域的治理能力。本研究从多元主体交互、跨领域跨层级协调、多种工具综合运用等多个角度，分析开放政府数据政策主体之间的关系，为优化我国开放政府数据政策主体结构提供理论依据。

三是采用多方法分析开放政府数据政策的协同机理。通过对开放政府数据政策要素进行识别、内容进行划分、外部环境进行描述，明确开放政府数据政策协同的影响因素，分析开放政府数据政策的协同机理，将开放政府数据的政策目标、政策工具、政策措施转化为可量化、可测量、可计算的变量，能够直接、科学、准确地利用量化数据对我国开放政府数据政策协同状态进行分析，更加客观、准确、真实地反映出政策发展情况。本研究运用文本分析、内容分析、模型构建等定性和定量相结合的方法，探索开放政府数据政策协同的影响因素与实现路径，为我国制定、评估、完善开放政府数据政策提供方法指导。

（二）应用价值

一是回应开放政府数据政策问题的现实需求。近年来，我国相继提出数据强国建设、创新驱动发展、简政放权改革、数字中国等与政府数据相关的重大战略部署，政府数据的开放程度逐渐深化、开放政府数据政策相继出台、大数据等技术在国家和社会创新中地位不断提升、数据产业和数字经济对政府数据需求持续增强。在此背景下，如何通过政策手段解决“政府数据+数据产业/数字经济+高质量发展”这一复杂的跨界问题，成为政府、学术界以及企业界面临的时代需求和现实挑战。本研究提出适合我国国情的开放政府数据政策协同的实施策略，为推进跨区域、跨领域、跨层级的政府数据共建共享，提供面向融合发展、可持续发展、高质量发展的方案选择。

二是借鉴国外开放政府数据政策协同的成功经验。目前，我国开放政府数据政策的实践还处于赶超阶段，各级政府部门陆续出台相关政策，但现有的开放政府数据政策，在整体性、延续性、协同性等方面还存在一定不足，进而影响开放政府数据政策的实施效果。本研究通过分析和对比国外部分国家开放政府数据政策的现状和特点以及在政策协同方面的成功经验，对比我国在开放政府数据政策方面存在的不足，以政策协同破解我国开放政府数据的主体冲突、资源局限、管理困境，为提升开放政府数据政策的实施效果提供实践指导。

三是提出开放政府数据政策协同的对策建议。我国正由管制型政府向服务型政府转型，随着大数据、云计算、区块链、人工智能等新技术手段在政府治理过程中的应用和推广，政府数据已经成为政府治理的重要手段和工具。但是，由于开放政府数据在组织架构上没有完全打破“条块分割”状态以及政策存在整体性不强、政策评估缺乏、政策之间配合不足等问题，尚未形成定位清晰、运转高效、协同配合的开放政府数据政策体系。本研究依据对我国开放政府数据政策协同的状态分析，提出具有可操作性的加强我国开放政府数据政策协同的改进措施，为完善我国开放政府数据政策体系提供决策依据。

三　研究目的

本研究旨在解析开放政府数据政策协同运行的机理，以实证方法分析我国开放政府数据政策协同的状态，从而有针对性地提出我国完善开放政府数据政策协同的对策。

（一）解析开放政府数据政策协同运行的机理

引入协同学、系统论等学科的思想和理论，解析开放政府数据政策协同的运行机理，探寻影响开放政府数据政策协同运行的内外部因素，找到开放政府数据政策的理想运行状态，为完善开放政府数据政策提供理论支撑。

（二）分析我国开放政府数据政策协同的状态

运用文本分析、内容分析等定性和定量相结合的方法，构建开放政府数据政策效力测度模型、政策目标协同测度模型、政策工具协同测度模型，分析我国现有国家级、部委级和省级关于开放政府数据的政策文本在政策主体、政策目标、政策工具方面的协同状态，为完善我国开放政府数据政策提供数据支撑。

（三）提出我国开放政府数据政策优化的对策

借鉴政策科学理论，依据对开放政府数据政策协同机理和状态的分析，找出我国在开放政府数据政策协同方面存在的不足，提出加强我国开放政府数据政策协同的对策，为形成和完善具有中国特色的开放政府数据政策体系提供决策参考。

第二节 国内外研究现状及述评

通过对国内外研究现状的梳理，可以找出关于开放政府数据政策协同领域已有研究存在的不足和可能取得创新与突破的方向。

一 国内研究现状

（一）开放政府数据政策研究

笔者于 2023 年 1 月 1 日，在中国知网（CNKI）中国学术文献总库中，选择“高级检索”方式和“精确”匹配，按照“主题”和“篇名”为“开放政府数据”并含“政策”，或者“主题”和“篇名”为“政府数据”并含“政策”的条件进行检索，经过手动剔除不相关文献后，可归纳为 4 个主题。

1. 国外开放政府数据政策现状及对比研究

主要是对美国、英国、澳大利亚、加拿大等国家开放政府数据政策的介绍、引入、梳理、对比。

一是对个别国家的开放政府数据政策体系进行详细介绍和系统梳

理。陈美介绍了英国[①]、韩国[②]、澳大利亚[③]、日本[④]、德国[⑤]等国家的开放政府数据政策。王晓宇[⑥]和翟军等[⑦]认为，英国的开放政府数据政策和反腐败政策有效拉近公众和政府之间的距离，提升了政府办事透明度和公众参与热度。朱琳等认为，美国的政府数据开放政策与时俱进、开拓进取，呈规范化、可视化、开源化等趋势。[⑧]胡逸芳等认为，加拿大的政府数据开放政策相互交叉、内容详细，政策体系呈现政策覆盖面广、政策法规相互关联并不断修订完善、重视用户参与、重视开放数据复用、建立多层式机构管理架构等特征。[⑨] 孙浩等认为，荷兰政府开放数据的政策连贯并及时修订相关政策法规，鼓励政策沟通。[⑩] 黄雨婷等指出，日本政府指定专门机构负责政府数据开放政策的制定起草，内阁议会参与重要政策的发布、讨论和修订。[⑪] 黄如花教授主持的国家社会科学基金重大项目“面向国家大数据战略的政府数据开放共享对策研究”系列成果比较具有代表性，全面、系统、深入地调研和分析了世界各国的开放政府数据法规政策，如新西兰[⑫]、英国[⑬]、

---

① 陈美：《英国开放数据政策执行研究》，《图书馆建设》2014 年第 3 期。

② 陈美、江易华：《韩国开放政府数据分析及其借鉴》，《现代情报》2017 年第 11 期。

③ 陈美：《澳大利亚地方政府开放数据的保障机制研究——基于多元公共行政观的视角》，《情报理论与实践》2017 年第 12 期。

④ 陈美：《日本开放政府数据分析及对我国的启示》，《图书馆》2018 年第 6 期。

⑤ 陈美：《德国政府开放数据分析及其对我国的启示》，《图书馆》2019 年第 1 期。

⑥ 王晓宇：《英国开放政府数据政策研究》，河北大学硕士学位论文，2017。

⑦ 翟军、孙小荃、孙美慧、李剑锋：《反腐败视角下英国政府开放合同数据的实践与启示》，《图书馆》2021 年第 3 期。

⑧ 朱琳、张鑫：《美国政府数据开放政策与实践研究》，《情报杂志》2017 年第 4 期。

⑨ 胡逸芳、林焱：《加拿大政府数据开放政策法规保障及对中国的启示》，《电子政务》2017 年第 5 期。

⑩ 孙浩、陈美：《荷兰政府开放数据的政策法规保障及启示》，《情报杂志》2021 年第 2 期。

⑪ 黄雨婷、傅文奇：《日本政府数据开放的政策保障及其启示》，《数字图书馆论坛》2020 年第 9 期。

⑫ 程银桂、赖彤：《新西兰政府数据开放的政策法规保障及对我国的启示》，《图书情报工作》2016 年第 19 期。

⑬ 黄如花、刘龙：《英国政府数据开放的政策法规保障及对我国的启示》，《图书与情报》2017 年第 1 期。

美国[①]、澳大利亚[②]、法国[③]、丹麦[④]、巴西[⑤]等，全方位、多维度、广视域的介绍为了解和掌握世界各国开放政府数据政策实践发展情况打开了视野、奠定了基础。

二是在两个国家之间进行开放政府数据政策情况对比和分析。例如，朱贝等[⑥]和刘紫薇等[⑦]分析了英国政府开放数据政策和实施策略。汤志伟等[⑧]、赵润娣[⑨]、东方等[⑩]分别对中国和美国的开放政府数据政策、立法情况进行了二维分析框架对比和议程建立过程剖析。

三是对多个国家的开放政府数据政策情况进行对比和分析。张勇进等从战略规划、技术能力提升政策、应用与管理政策对比了美国、澳大利亚、英国、法国的政府数据政策。[⑪] 赵润娣[⑫]和杜荷花[⑬]分别分析了美

---

① 蔡婧璇、黄如花：《美国政府数据开放的政策法规保障及对我国的启示》，《图书与情报》2017 年第 1 期。

② 陈萌：《澳大利亚政府数据开放的政策法规保障及对我国的启示》，《图书与情报》2017 年第 1 期。

③ 黄如花、林焱：《法国政府数据开放共享的政策法规保障及对我国的启示》，《图书馆》2017 年第 3 期。

④ 黄雨婷、黄如花：《丹麦政府数据开放的政策法规保障及对我国的启示》，《图书与情报》2017 年第 1 期。

⑤ 何乃东、黄如花：《巴西政府数据开放的特点及对我国的启示》，《图书与情报》2017 年第 1 期。

⑥ 朱贝、盛小平：《英国政府开放数据政策研究》，《图书馆论坛》2016 年第 3 期。

⑦ 刘紫薇、牛晓宏：《英国政府开放数据政策分析》，《高校图书馆工作》2018 年第 4 期。

⑧ 汤志伟、龚泽鹏、郭雨晖：《基于二维分析框架的中美开放政府数据政策比较研究》，《中国行政管理》2017 年第 7 期。

⑨ 赵润娣：《开放政府数据思想的时代已经到来：中美开放政府数据政策议程分析》，《电子政务》2018 年第 7 期。

⑩ 东方、邓灵斌：《政府数据开放的法律规制：美国立法与中国路径——基于美国〈开放政府数据法〉（OGDA）的思考》，《情报资料工作》2021 年第 5 期。

⑪ 张勇进、王璟璇：《主要发达国家大数据政策比较研究》，《中国行政管理》2014 年第 12 期。

⑫ 赵润娣：《国外开放政府数据政策：一个先导性研究》，《情报理论与实践》2016 年第 1 期。

⑬ 杜荷花：《国外政府数据开放平台隐私保护政策的考察与借鉴》，《图书馆建设》2020 年第 3 期。

国、英国、澳大利亚开放政府数据的政策内容和平台隐私保护政策。杨瑞仙等对比了美国、英国、日本、澳大利亚政府数据开放的政策体系、保障机制和公开系统。[①] 邓崧等从法律政策、开放平台、社会参与度等方面对比了中国与美国、英国、新西兰的政府数据开放情况。[②] 王本刚等从开放政府数据的理念、意义和目标、原则、标准、主题、措施以及执行结构等方面对比了西方部分国家的开放政府数据政策。[③] 马丽杰等基于 PEST 分析，总结了美国、英国、澳大利亚和欧盟开放政府数据政策的特点。[④] 郑振宇总结了发达国家在政府数据开放的体制、机制和制度的实践经验。[⑤] 黄雯等分析了联合国、欧盟、OECD、世界银行的开放政府数据政策内容。[⑥]

2. 政府数据开放政策和其他政策的相互影响与平衡研究

主要是分析政府数据开放政策与安全、隐私政策的相互影响以及如何在二者之间进行平衡。

一是通过调研对政府数据安全政策和隐私保护政策进行梳理和分析。黄如花等对美国开放政府数据中的个人隐私保护实践进行了调研和分析。[⑦] 张晓娟等对中国和美国政策、法律、法规进行了对比。[⑧] 孙彦明等从政策法制、组织体系、平台建设、执行和监督反馈等方面梳理了

① 杨瑞仙、毛春蕾、左泽：《国内外政府数据开放现状比较研究》，《情报杂志》2016 年第 5 期。

② 邓崧、葛百潞：《中外政府数据开放比较研究》，《情报杂志》2017 年第 12 期。

③ 王本刚、马海群：《开放政府数据的政策比较研究》，《情报资料工作》2017 年第 6 期。

④ 马丽杰、马海群：《基于 PEST 分析的发达国家开放政府数据政策特点及启示》，《图书馆理论与实践》2018 年第 5 期。

⑤ 郑振宇：《发达国家政府数据开放体制机制和制度分析与启示》，《档案学研究》2018 年第 5 期。

⑥ 黄雯、张维冲、温芳芳：《国际组织开放政府数据政策研究》，《数字图书馆论坛》2019 年第 5 期。

⑦ 黄如花、李楠：《美国开放政府数据中的个人隐私保护研究》，《图书馆》2016 年第 6 期。

⑧ 张晓娟、王文强、唐长乐：《中美政府数据开放和个人隐私保护的政策法规研究》，《情报理论与实践》2016 年第 1 期。

中国、美国、英国政府数据信息开放共享保障机制。[①] 陈朝兵等分析了美国、英国、澳大利亚政府数据开放隐私保护的政策法规。[②] 冉连等运用内容分析法分析了 33 个地方政府数据安全的政策文本。[③] 储节旺等梳理了美国政府开放数据实践中的个人隐私保护政策。[④] 梁乙凯等分析了斯洛文尼亚开放政府数据中个人隐私的评判标准、隐私影响评估框架、隐私风险应对的数据处理规范。[⑤]

二是分析政府数据开放政策和安全、隐私政策的影响及平衡。王本刚等提出，数据开放政策、个人信息保护政策、国家安全政策之间要做到全局性的统筹规划。[⑥] 闫倩等提出开放数据政策与数据安全政策协同的方式和途径。[⑦] 赵龙文等分析了国内外政府数据开放中商业秘密判定标准与保护机制以及政府数据开放参与主体的价值诉求。[⑧]

3. 我国开放政府数据政策现状分析和评估研究

主要通过运用不同方法对我国开放政府数据政策现状进行分析和评估。

一是运用调查研究法。例如，赵润娣从社会、政治、法律法规、技术技能、财政等方面考察我国开放政府数据政策环境。[⑨] 周文泓等调研

---

① 孙彦明、赵树宽、张福俊、李霞：《中美英政府数据信息开放共享保障机制比较研究》，《图书情报工作》2018 年第 21 期。

② 陈朝兵、郝文强：《美英澳政府数据开放隐私保护政策法规的考察与借鉴》，《情报理论与实践》2019 年第 6 期。

③ 冉连、张曦：《地方政府数据开放中的数据安全政策研究——基于全国 33 个地级市政策文本的内容分析》，《情报杂志》2020 年第 11 期。

④ 储节旺、丁辉：《美国政府开放数据个人隐私保护政策及对我国的启示——基于 52 个政策文本的内容分析》，《图书情报工作》2021 年第 8 期。

⑤ 梁乙凯、陈美：《开放政府数据的隐私风险控制——斯洛文尼亚的经验》，《现代情报》2022 年第 11 期。

⑥ 王本刚、马海群：《开放数据安全问题政策分析》，《情报理论与实践》2016 年第 9 期。

⑦ 闫倩、马海群：《我国开放数据政策与数据安全政策的协同探究》，《图书馆理论与实践》2018 年第 5 期。

⑧ 赵龙文、孙倩倩：《政府数据开放中的商业秘密保护与利益协调》，《图书馆学研究》2019 年第 4 期。

⑨ 赵润娣：《多元视角下的中国开放政府数据政策环境研究》，《电子政务》2016 年第 6 期。

了国家和地方开放数据的政策和平台[①]以及省级政府开放数据相关政策。[②]张宁等调查了贵州省政府数据开放政策文本内容。[③]陈旭茹调查了我国30个国家级开放政府数据网站的服务政策。[④]张峰等总结了我国政府数据开放政策的主要内容及特点。[⑤]

二是运用模型构建法。例如，蒲攀等构建了我国开放数据政策模型，[⑥]评价了我国开放数据政策。[⑦]张月茹通过构建政策体系协同关系模型，分析了我国开放数据政策群。[⑧]

三是运用政策分析法。黄如花等采用内容分析法分析国家层面的政策文本，[⑨]构建了我国开放政府数据的价值体系。[⑩]熊梦月通过分析政策文本内容提出加强政府开放数据政策文本协同的对策。[⑪]谭必勇等分析了我国15个副省级城市的开放数据政策内容。[⑫]杨正等对我国数据开放利用的政策体系进行了三维分析。[⑬]范丽莉等采用Rothwell和

① 周文泓、夏俊英：《我国政府开放数据资源建设进展、问题与对策研究》，《情报理论与实践》2019年第3期。

② 周文泓：《面向资产化利用的我国地方政府开放数据政策调查及其启示》，《情报理论与实践》2022年第6期。

③ 张宁、屠健：《贵州省政府开放数据政策文本分析及平台调研》，《公共图书馆》2018年第4期。

④ 陈旭茹：《国家级开放政府数据网站服务政策调查分析》，郑州大学硕士学位论文，2018。

⑤ 张峰、白帆、陈政斌：《大数据时代中国政府数据开放政策研究》，《重庆理工大学学报》（社会科学版）2022年第10期。

⑥ 蒲攀：《大数据环境下我国开放数据政策模型构建研究》，黑龙江大学硕士学位论文，2016。

⑦ 蒲攀、马海群：《大数据时代我国开放数据政策模型构建》，《情报科学》2017年第2期。

⑧ 张月茹：《我国政府数据开放与安全政策协同研究》，黑龙江大学硕士学位论文，2018。

⑨ 黄如花、温芳芳：《我国政府数据开放共享的政策框架与内容：国家层面政策文本的内容分析》，《图书情报工作》2017年第20期。

⑩ 黄如花、何乃东、李白杨：《我国开放政府数据的价值体系构建》，《图书情报工作》2017年第20期。

⑪ 熊梦月：《政府开放数据政策的协同研究》，黑龙江大学硕士学位论文，2018。

⑫ 谭必勇、刘芮：《我国地方政府开放数据政策研究——以15个副省级城市为例》，《情报理论与实践》2018年第11期。

⑬ 杨正、田进：《政府数据开放利用的政策文献计量研究——一个三维分析视角》，《情报杂志》2018年第12期。

Zegveld 的政策工具理论，分析了 21 项国家层面的政府数据开放政策。[①] 吴金鹏等运用时空演进规律和政策扩散机制，分析了我国 2012～2018 年 40 座城市的开放政府数据政策样本。[②] 赵玉攀从政策形式、政策工具和政策内容三个维度分析了我国省级政府数据开放政策。[③] 孟溦等基于政策工具和政府数据管理维度分析了长三角城市群政府数据开放共享政策文本。[④] 陈玲等以政府开放数据公报为样本，从时间演化、部门主体、政策类型分析我国政府开放数据政策实施现状。[⑤] 陈兰杰等运用拉斯维尔政策工具理论，对我国省级开放政府数据政策进行了分析。[⑥] 夏蓓丽分析了我国地方政府数据开放的政策工具选择策略。[⑦] 王法硕等分析了我国 2012～2019 年 283 个地级市政府数据开放政策扩散的特征、影响因素和作用机理。[⑧] 冉连等对我国 17 个省级政府的 84 份数据开放全生命周期安全管理政策文本进行了分析。[⑨] 马海群等利用数据挖掘的关联规则算法，分析了开放政府数据政策多文本间的协同性。[⑩] 赵龙文等运用内容分析法从构成政策生态系统的政策主体、政策过程和政策环

---

① 范丽莉、唐珂：《基于政策工具的我国政府数据开放政策内容分析》，《情报杂志》2019 年第 1 期。

② 吴金鹏、韩啸：《制度环境、府际竞争与开放政府数据政策扩散研究》，《现代情报》2019 年第 3 期。

③ 赵玉攀：《基于三维框架的中国省级政府数据开放政策分析》，《图书馆学研究》2020 年第 13 期。

④ 孟溦、王勰祎：《基于二维分析视角的长三角城市群政府数据开放共享政策分析》，《电子政务》2020 年第 3 期。

⑤ 陈玲、段尧清：《我国政府开放数据政策的实施现状和特点研究：基于政府公报文本的量化分析》，《情报学报》2020 年第 7 期。

⑥ 陈兰杰、赵元晨：《政策工具视角下我国开放政府数据政策文本分析》，《情报资料工作》2020 第 6 期。

⑦ 夏蓓丽：《我国地方政府数据开放的政策工具选择研究》，《图书与情报》2021 年第 3 期。

⑧ 王法硕、项佳囡：《中国地方政府数据开放政策扩散影响因素研究——基于 283 个地级市数据的事件史分析》，《情报杂志》2021 年第 11 期。

⑨ 冉连、张曦：《地方政府数据开放全生命周期安全管理政策研究——基于全国 17 个省级政府的政策文本分析》，《情报杂志》2021 年第 8 期。

⑩ 马海群、刘兴丽、韩娜：《基于关联规则的开放政府数据主题多政策协同性研究》，《情报科学》2022 年第 4 期。

境三个要素维度对2000~2020年241篇国家层面政府数据开放共享政策进行量化分析。[①] 朱晓峰等基于共生理论对我国13个省（自治区、直辖市）政府数据开放政策文本进行模糊集定性比较分析，运算，得出能够引致不同成效的政府数据开放政策范畴组态。[②]

4. 我国开放政府数据政策完善的对策研究

分别从顶层设计、协同机制、完善政策等宏观、中观、微观角度提出具体建议。

一是加强我国政府数据开放政策的顶层设计。马海群等认为，我国应开展国家层面开放数据政策的需求和规范化研究。[③] 中国行政管理学会课题组提出顶层设计的政策建议。[④] 白献阳等提出由基本政策、具体政策、保障政策构成的我国政府数据开放政策体系。[⑤] 张亚楠通过分析《贵阳市政府数据共享开放条例》，为我国政府数据开放从条例上升到法律提供参考。[⑥] 张玲玲运用内容分析法从政策力度、政策目标、政策措施三个维度分析《促进大数据发展行动纲要》和《大数据产业发展规划（2016~2020年）》。[⑦]

二是构建政府数据开放协同机制。陈婧分析了协同机制对政府开放数据的影响。[⑧] 宋魏巍分析了我国政府数据开放协同机制的运作机理、

---

① 赵龙文、方俊、赵雪琦：《生态视角下我国政府数据开放共享政策体系的互动演化分析》，《情报资料工作》2022年第3期。

② 朱晓峰、葛锐、洪磊：《共生理论解构下政府数据开放政策导向与实施成效的组态分析》，《图书情报工作》2022年第14期。

③ 马海群、蒲攀：《国内外开放数据政策研究现状分析及我国研究动向研判》，《中国图书馆学报》2015年第5期。

④ 中国行政管理学会课题组：《我国政府数据开放顶层设计研究》，《中国行政管理》2016年第11期。

⑤ 白献阳、孙梦皎、安小米：《大数据环境下我国政府数据开放政策体系研究》，《图书馆学研究》2018年第24期。

⑥ 张亚楠：《论政府数据开放立法的路径及其选择——以〈贵阳市政府数据共享开放条例〉为例》，《中国行政管理》2020年第2期。

⑦ 张玲玲：《基于内容分析的政府数据开放政策协同研究》，《图书馆研究与工作》2020年第3期。

⑧ 陈婧：《协同机制对政府开放数据的影响分析》，《情报资料工作》2017年第2期。

主要构成要素及其相互关系。[①] 毛子骏等对我国 12 个省市的政府数据开放政策进行纵向和横向的政策协同分析。[②] 白献阳等构建了由主体协同、政策协同、资源协同、技术协同的政府数据开放协同机制。[③] 比较有代表性的研究是马海群教授主持完成的 2015 年国家社会科学基金重点项目“开放数据与数据安全的政策协同研究”及其系列阶段性成果。

三是完善我国政府数据开放政策的对策。例如，夏义堃从战略层面提出对策。[④] 郭景洋提出保障体系。[⑤] 黄如花等采用循证政策方法，构建政策体系。[⑥] 李宇霄从智慧城市建设角度提出发展建议。[⑦] 刘瑞等提出基于证据的政策制定过程框架。[⑧] 宋卿清等构建了政府数据开发利用的过程机制模型。[⑨] 刘嘉琪等构建了统一的政府数据开放共享政策的内容体系框架。[⑩]

（二）政策协同研究

笔者于 2023 年 1 月 1 日，在中国知网（CNKI）中国学术文献总库中，选择“高级检索”方式和“精确”匹配，按照“主题”和“篇名”为“政策协同”的条件进行检索，经过手动剔除不相关文献并从中选择具有代表性的文献后，可归纳为 4 个主题。

① 宋魏巍：《中国政府数据开放协同机制研究》，《南京社会科学》2018 年第 2 期。

② 毛子骏、郑方、黄膺旭：《政策协同视阈下的政府数据开放研究》，《电子政务》2018 年第 9 期。

③ 白献阳、蔡昱、安小米：《政府数据开放协同机制研究——以贵州省为例》，《图书馆》2019 年第 9 期。

④ 夏义堃：《开放政府数据战略的国际比较与中国的对策选择》，《电子政务》2017 年第 7 期。

⑤ 郭景洋：《我国开放政府数据建设的政策保障体系构建》，郑州大学硕士学位论文，2018。

⑥ 黄如花、温芳芳、黄雯：《我国政府数据开放共享政策体系构建》，《图书情报工作》2018 年第 9 期。

⑦ 李宇霄：《面向智慧城市建设的开放政府数据政策研究》，黑龙江大学硕士学位论文，2018。

⑧ 刘瑞、马海群：《基于证据的开放政府数据政策制定研究》，《现代情报》2019 年第 7 期。

⑨ 宋卿清、曲婉、冯海红：《国内外政府数据开发利用的进展及对我国的政策建议》，《中国科学院院刊》2020 年第 6 期。

⑩ 刘嘉琪、任妮、刘桂锋：《政府数据开放共享政策的内容体系构建研究》，《数字图书馆论坛》2022 年第 8 期。

1. 国外政策协同研究和实践的现状及对比研究

主要集中在对发达国家政策协同研究和实践的介绍、引入、梳理、对比以及启示。

一是对国外政策协同研究的介绍。刘慧梅等对国内外休闲政策协同研究进行了述评。[1] 廖中举从内涵、维度构成和“测量—驱动因素—作用—结果”角度，对公共政策协同文献进行了归纳和梳理。[2]

二是对国外政策协同的经验进行总结。周志忍等从宏观战略和中观决策层面总结了发达国家政策协同机制。[3] 孙迎春介绍了美国海洋政策协同框架。[4] 吴立光分析了欧盟宏观经济政策协同有效性。[5] 赵晖总结了美国、日本和加拿大等国网络地理信息安全政策协同供给的经验。[6] 郇昌店从政策的文本协同和制订协同角度，总结了美国青少年体质健康政策的经验。[7] 张娜等分析了发达国家环境与气候政策协同的经验。[8] 刘德浩从政策协同视角，分析了荷兰长期照护制度的演变。[9] 王雯认为，加拿大第三支柱中注册退休计划宏观上实现了老年收入保障与就业、税收和金融市场的适应性协同，中观上实现了多支柱之间与第三支

① 刘慧梅、王晶：《整体政府视域下的休闲政策协同研究述评》，《湖北理工学院学报》（人文社会科学版）2016 年第 3 期。

② 廖中举：《公共政策协同研究述评与展望：内涵特征、驱动因素及绩效作用》，《观察与思考》2022 年第 12 期。

③ 周志忍、蒋敏娟：《整体政府下的政策协同：理论与发达国家的当代实践》，《国家行政学院学报》2010 年第 6 期。

④ 孙迎春：《公共部门协作治理改革的新趋势——以美国国家海洋政策协同框架为例》，《中国行政管理》2011 年第 11 期。

⑤ 吴立光：《欧盟一体化框架下的宏观经济政策协同有效性研究——以欧洲债务问题为视角》，华东师范大学硕士学位论文，2012。

⑥ 赵晖：《论网络地理信息安全政策协同供给机制的构建》，《江海学刊》2017 年第 4 期。

⑦ 郇昌店：《协同导向：美国青少年体质健康政策的演进与启示》，《河北体育学院学报》2017 年第 4 期。

⑧ 张娜、梁喆：《西方发达国家环境与气候政策协同的经验启示》，《中国行政管理》2019 年第 3 期。

⑨ 刘德浩：《长期照护制度中的政策协同：基于荷兰的政策启示》，《中国劳动》2019 年第 10 期。

柱内部的衔接性协同，微观上实现了第三支柱发展与家庭发展的包容性协同。①

三是对国外政策协同的实践进行案例分析。陈立新通过英国的案例，论证了体育政策和健康政策协同的复杂性。② 薛泽林等以我国台湾地区和上海市的实践经验为案例，分析治理势能的传导对文化创意产业培育政策协同机制建构的作用。③

2. 我国某一领域政策内外部协同发展规律的研究

分析政策系统、要素、主体和环境之间的协同关系，主要集中在创新、就业、环境、养老、知识产权、健康等方面的政策协同对该领域的影响。

一是政策协同内在机理分析。刘力等分析了“泛珠三角”区域合作与广东省“双转移”的政策协同效应。④ 封铁英等从政策协同视角，分析了农户流转土地参加新型农村社会养老保险意愿的影响因素。⑤ 罗月领等分析了影响上海市 H 区创业补贴政策协同的因素。⑥ 张绍军分析了我国生态文明建设过程中地方政府政策协同存在的阻力。⑦ 杨晨等解析了知识产权政策复杂系统的协同机理，⑧ 分析了我国知识产权政策体

① 王雯：《加拿大第三支柱注册退休计划的经验与启示——基于政策协同机制的分析》，《社会保障研究》2022 年第 6 期。

② 陈立新：《论体育政策和健康政策协同的复杂性——英国经验借鉴》，《体育与科学》2012 年第 6 期。

③ 薛泽林、孙荣：《治理势能：政策协同机制建构之关键——台北与上海文化创意产业培育政策比较》，《情报杂志》2016 年第 10 期。

④ 刘力、白渭淋：《区域经济一体化与行政区经济的空间效应研究——基于“泛珠三角”区域合作与广东“双转移”的政策协同效应》，《经济地理》2010 年第 11 期。

⑤ 封铁英、高鑫：《农户流转土地参加新型农村社会养老保险意愿实证研究——基于政策协同的视角》，《中国土地科学》2014 年第 4 期。

⑥ 罗月领、段存广、刘方杰：《创业补贴政策协同研究——以上海 H 区为例》，《中国高校科技》2014 年第 6 期。

⑦ 张绍军：《生态文明建设过程中地方政府的政策协同研究》，苏州大学硕士学位论文，2015。

⑧ 杨晨、王杰玉：《系统视角下知识产权政策协同机理研究》，《科技进步与对策》2016 年第 2 期。

系演变和特征。[①] 蔚超论述了政策协同的内涵、特点与实现条件[②]，分析了政策协同的纵向阻力。[③] 马艳艳等通过分析辽宁省1994~2016年的468项创新政策，考察了创新政策力度、政策目标、政策措施以及各政策指标本身的协同性对创新绩效的影响。[④] 范瑶分析了扬州市能耗“双控”政策协同推进的阻力。[⑤] 李军强等考察了不同政策目标协同对于光伏产业绩效的影响。[⑥] 邓佳欣等从识别精准和减负力度维度分析了政策协同对贫困患者的减负效果。[⑦] 马熙青构建了政策目标、行动主体和协同方式的政策协同分析框架，分析了公共租赁住房供给的政策过程及效果。[⑧] 刘伟兵等以辽宁省J县M村的产业扶贫实践，分析了制度变迁中精准扶贫政策和农村低保政策内外部摩擦痛点和强路径依赖的主客观因素。[⑨] 孙亚刚等分析了财政政策和货币政策协同施行对经济增长的作用机理。[⑩] 温美荣等从政策协同视角论证了脱贫攻坚同乡村振兴在政策供给目标、政策供给方式和政策供给内容等维度和层级具有政策协同性。[⑪] 黄科梳理了区域一体化政策的协同层次、协同过程和协同策略之

---

① 杨晨、王杰玉：《中国知识产权政策的演进及协同运行机制研究》，《中国科技论坛》2016年第6期。

② 蔚超：《政策协同的内涵、特点与实现条件》，《理论导刊》2016年第1期。

③ 蔚超：《政策协同的纵向阻力与推进策略》，《云南行政学院学报》2016年第1期。

④ 马艳艳、孔梦晗：《辽宁创新政策协同对创新绩效影响的实证分析》，《理论界》2017年第10期。

⑤ 范瑶：《扬州市能耗“双控”政策协同推进研究》，扬州大学硕士学位论文，2018。

⑥ 李军强、韩振、任浩：《中国光伏产业政策目标协同度量化评价模型》，《同济大学学报》（自然科学版）2020年第6期。

⑦ 邓佳欣、张媚、袁小丽、王晓昕：《政策协同对贫困患者经济减负效果评价研究》，《中国卫生政策研究》2020年第6期。

⑧ 马熙青：《政策协同视角下的公共租赁住房供给研究》，山东大学硕士学位论文，2021。

⑨ 刘伟兵、王文瑜：《传统路径依赖视角下精准扶贫与农村低保政策协同研究——以辽宁省J县M村为例》，《管理研究》2020年第1期。

⑩ 孙亚刚、徐静、魏春飞、朱宝芳、徐茜：《财政政策和货币政策协同效应研究——以青海省为例》，《青海金融》2021年第9期。

⑪ 温美荣、王帅：《政策协同视角下脱贫攻坚成果同乡村振兴的有效衔接》，《西北农林科技大学学报》（社会科学版）2021年第5期。

间的逻辑关系。[①] 刘云等分析了创新体系国际化政策主体、结构及功能的协同关系。[②] 陈晨等采用处理效应双重差分模型，分析了政策协同创新效应和机制。[③] 徐雨婧等考察了进口鼓励政策与市场型环境规制的组合实施对企业创新的影响及其内在机理。[④]

二是政策协同现状分析。李晓峰等分析了我国大学生就业制度的政策协同问题。[⑤] 李靖华分析了我国 2001~2012 年流通产业创新政策的内部协同。[⑥] 张国兴等针对我国节能减排政策，梳理了政策协同的研究现状，[⑦] 分析了 1978~2013 年政策的协同演变，[⑧] 论证了政策协同的有效性。[⑨] 凌媛媛等分析了上海市张江高新技术产业开发区政策协同创新现状。[⑩] 杨晨等对江苏省专利政策协同进行了实证分析，[⑪] 建构了区域知识产权政策协同运行机制。[⑫] 张莹提出了京津冀地区税收政策协同的建议。[⑬] 王海等分析了我国产业政策对企业创新的影响。[⑭] 戴铁城分析了我国横

---

① 黄科：《动态视域下的区域政策协同：理论建构与实践路径》，《学海》2022 年第 6 期。

② 刘云、张孟亚、翟晓荣、杨亚宇：《国家创新体系国际化政策协同关系研究》，《中国科技论坛》2022 年第 3 期。

③ 陈晨、李平、王宏伟：《国家创新型政策协同效应研究》，《财经研究》2022 年第 5 期。

④ 徐雨婧、沈瑶、胡珺：《进口鼓励政策、市场型环境规制与企业创新——基于政策协同视角》，《山西财经大学学报》2022 年第 2 期。

⑤ 李晓峰、薛二勇：《我国大学生就业政策协同问题研究》，《教育发展研究》2014 年第 5 期。

⑥ 李靖华：《我国流通产业创新政策协同研究》，浙江工商大学硕士学位论文，2014。

⑦ 张国兴、高秀林、汪应洛、刘明星：《政策协同：节能减排政策研究的新视角》，《系统工程理论与实践》2014 年第 3 期。

⑧ 张国兴、高秀林、汪应洛、郭菊娥、汪寿阳：《中国节能减排政策的测量、协同与演变——基于 1978~2013 年政策数据的研究》，《中国人口·资源与环境》2014 年第 12 期。

⑨ 张国兴、高秀林、汪应洛、郭菊娥：《我国节能减排政策协同的有效性研究：1997~2011》，《管理评论》2015 年第 12 期。

⑩ 凌媛媛、顾玲珺：《上海张江高新技术产业开发区政策协同创新的现状问题分析》，《未来与发展》2015 年第 10 期。

⑪ 杨晨、刘苗苗：《区域专利政策协同及其实证研究》，《科技管理研究》2017 年第 10 期。

⑫ 杨晨、阮静娴：《区域知识产权政策协同及协同运行机制研究》，《科技管理研究》2017 年第 16 期。

⑬ 张莹：《京津冀税收政策协同研究》，天津科技大学硕士学位论文，2016。

⑭ 王海、许冠南：《政策协同、官员更替与企业创新——来自战略性新兴产业政策文本的经验证据》，《财经问题研究》2017 年第 1 期。

向府际政策协同的模式和机制。[①] 王洛忠等分析了我国新能源汽车产业政策协同存在的问题。[②] 刘征等通过构建环境政策协同机制，分析了我国环境政策协同存在的问题。[③] 何铨等分析了我国老年人优待政策时间协同、横向协同、纵向协同的现状和问题。[④] 孙静等通过构建 Tobit 模型，验证了财政分权、政策协同对大气污染治理效率的影响。[⑤] 肖芬蓉等分析了中央政府与地方政府、地方政府之间关于长江生态环境治理政策的差异。[⑥] 钟昌盛以 2009~2016 年全国 30 个省份的数据为样本，分析了直接资助与间接资助对企业研发投入的协同效应。[⑦] 张优分析了京津冀地区节能减排政策协同效应。[⑧] 马勇等分析了 2000~2018 年我国中央政府部门颁布的儿童青少年近视防控政策协同问题。[⑨] 王汉杰等运用两阶段最小二乘法与工具变量分位数回归法，考察了贫困地区农村金融减贫中的财政政策协同效应。[⑩] 刘晓燕等利用 LDA 主题挖掘、语义相似度计算方法，分析了京津冀地区央地政策协同现状。[⑪] 黄栋从机制、过程、机构三个维度分析了国家治理现代化中政策协同的不足，并提出创

① 戴铁城：《我国横向府际间政策协同机制研究》，云南大学硕士学位论文，2017。

② 王洛忠、张艺君：《我国新能源汽车产业政策协同问题研究——基于结构、过程与内容的三维框架》，《中国行政管理》2017 年第 3 期。

③ 刘征、阳艾利、高攀峰、程慧艳：《我国环境政策协同机制及存在的问题初探》，《改革与开放》2018 年第 15 期。

④ 何铨、张湘笛：《基于政策协同视角的老年人优待政策体系评估》，《广州大学学报》（社会科学版）2018 年第 8 期。

⑤ 孙静、马海涛、王红梅：《财政分权、政策协同与大气污染治理效率——基于京津冀及周边地区城市群面板数据分析》，《中国软科学》2019 年第 8 期。

⑥ 肖芬蓉、王维平：《长江经济带生态环境治理政策差异与区域政策协同机制的构建》，《重庆大学学报》（社会科学版）2020 年第 4 期。

⑦ 钟昌盛：《政府科技资助政策协同对企业研发投入的影响研究》，广东工业大学硕士学位论文，2018。

⑧ 张优：《京津冀地区节能减排政策协同效应研究》，华北电力大学硕士学位论文，2018。

⑨ 马勇、陆作生：《新时期儿童青少年近视防控的政策协同研究——基于内容分析法的视角》，《衡阳师范学院学报》2019 年第 6 期。

⑩ 王汉杰、温涛、韩佳丽：《贫困地区农村金融减贫的财政政策协同效应研究》，《财经理论与实践》2020 年第 1 期。

⑪ 刘晓燕、庞雅如、侯文爽、单晓红：《关系—内容视角下央地科技创新政策协同研究》，《中国科技论坛》2020 年第 12 期。

新路径。[①] 卢维学等以我国30个省份面板数据为样本，分析了经济高质量发展的环境规制政策协同异质性效应。[②] 李冬琴以2006~2018年中国科技创新政策为对象，应用回归分析研究了科技创新政策力度、协同度和可执行度与创新绩效的关系。[③] 计方等构建了政策主体—产业链—政策工具三维分析框架，从时间、空间和工具匹配维度对产业政策协同性进行分析。[④]

三是政策协同机制构建。周小刚等提出我国一元化户籍改革的社会政策协同联动机制。[⑤] 郑佳构建了我国基本公共服务均等化政策系统运行的协同机制。[⑥] 刘华等提出实现我国政府专利资助政策协同的思路[⑦]和构建技术转移政策协同运行机制的建议。[⑧] 张江朋等提出推进经济区科技政策协同策略与路径。[⑨] 任爱华等从外部保证条件和具体实施角度，提出京津冀政策协同助推雄安新区产业聚集过程中的政策协同机制。[⑩] 刘双良等构建了宅基地流转与农民住房保障的政策协同机制。[⑪] 顾玲巧等从政策协同角度构建横向府际整合、纵向央地整合和时间整合

---

① 黄栋：《国家治理现代化中的政策协同创新》，《求索》2021年第5期。

② 卢维学、吴和成、王励文：《环境规制政策协同对经济高质量发展影响的异质性》，《中国人口·资源与环境》2022年第3期。

③ 李冬琴：《中国科技创新政策协同演变及其效果：2006~2018》，《科研管理》2022年第3期。

④ 计方、刘星：《产业链视角下成渝经济圈新能源汽车产业政策协同性研究》，《企业经济》2022年第5期。

⑤ 周小刚、陈东有、叶裕民、郭春明：《中国一元化户籍改革的社会政策协同机制研究》，《人口与经济》2010年第4期。

⑥ 郑佳：《中国基本公共服务均等化政策协同研究》，吉林大学博士学位论文，2010。

⑦ 刘华、刘立春：《政府专利资助政策协同研究》，《知识产权》2010年第2期。

⑧ 刘华、周莹：《我国技术转移政策体系及其协同运行机制研究》，《科研管理》2012年第3期。

⑨ 张江朋、周潇仪：《呼包银榆经济区科技政策协同：机理与路径》，《西安建筑科技大学学报》（社会科学版）2017年第4期。

⑩ 任爱华、李鹏燕、王晓伟：《正和博弈视角下助推雄安新区产业聚集的政策协同机制研究》，《河北企业》2019年第3期。

⑪ 刘双良、秦玉莹：《宅基地流转与农民住房保障的政策协同机制构建——基于典型创新实践模式的对比分析》，《中州学刊》2019年第3期。

的三维整体性治理水平测度框架。[①] 谢碧霞认为，青年理想信念、教育、健康等领域在“十四五”规划中的有机融入成为地区发展系统推进中的重要组成，但青年发展规划政策符号能见度仍有不足。[②] 王茹在政治源流中嵌入体制要素，构建新的碳税与碳交易协同多源流理论分析框架，提出碳税与碳交易政策协同建议。[③] 刘磊等认为，我国应完善顶层设计、明确碳税功能定位，以渐进式改革为原则，精细设计碳税制度要素，统筹协调现有税种，构建有利于促进实现碳达峰、碳中和的税收制度。[④] 郑馨竺认为，构建基于福祉的气候变化减缓框架，有利于协同应对气候变化与民生领域的多重挑战，真正推动社会经济的高质量发展。[⑤]

3. 我国不同类政策之间政策协同的影响研究

主要集中于以协同理论探析多种政策之间形成的协同效果，实现政策合力效应。

一是分析协同机制对两类政策之间的影响。张彩云构建了与我国国际航运业发展相适应的产业政策与竞争政策协同关系。[⑥] 吴昊利用动态随机一般均衡理论，分析了我国宏观审慎政策与货币政策的协同效应。[⑦] 谭思丽等采用广义矩估计方法，分析了信贷与财政政策的协同效

---

① 顾玲巧、余晓、卢宏宇：《基于政策协同的政府整体性治理水平测度框架分析》，《领导科学》2020 年第 20 期。

② 谢碧霞：《整体性治理视角下青年事务政策协同体系构建研究——以省级“十四五”规划为分析对象》，《青年发展论坛》2021 年第 5 期。

③ 王茹：《碳税与碳交易政策有效协同研究——基于要素嵌入修正的多源流理论分析》，《财政研究》2021 年第 7 期。

④ 刘磊、张永强、周千惠：《政策协同视角下对我国征收碳税的政策建议》，《税务研究》2022 年第 3 期。

⑤ 郑馨竺：《“以人为本”推进碳中和的路径创新与政策协同》，《中国环境管理》2022 年第 1 期。

⑥ 张彩云：《国际航运业产业政策与竞争政策协同发展问题研究》，吉林大学硕士学位论文，2015。

⑦ 吴昊：《我国宏观审慎政策与货币政策协同效应研究》，中国海洋大学硕士学位论文，2015。

应对“两高一剩”行业能耗和排放的影响。[①] 吕娜构建了开放科学数据政策与个人信息保护政策协同机理。[②] 孙瑞英等提出开放数据与数据安全政策协同的太极超循环演化过程。[③] 王亚男分析了我国金融审慎政策与货币政策的协同效应。[④] 云小鹏通过静态模型与动态模型，分析了我国能源与环境财税政策对能源—经济—环境的影响。[⑤] 王德庄等分析了我国科学数据开放与个人数据保护两类政策群之间的政策协同。[⑥] 姜鑫等分别利用政策文本内容分析法[⑦]和质性文本分析法[⑧]，评估了科学数据开放政策和个人数据保护政策群之间的政策协同。毛捷等分析了以货币融资操作为关键内容的财政货币政策协同框架作用于现实经济的传导渠道。[⑨] 董战峰等分析了应对气候变化与生态环境保护的协同关系。[⑩] 何剑等检验了财政货币政策、最低工资标准政策协同在缓解外生冲击对内需不利影响中的效果。[⑪]

二是实证分析两类政策之间的协同情况。陈本燕分析了技术与财政

① 谭思丽、韩俊莹：《信贷与财政政策协同效应对能耗与排放的影响研究——基于“两高一剩”行业》，《海南金融》2016 年第 3 期。

② 吕娜：《开放科学数据与个人信息保护政策协同研究》，黑龙江大学硕士学位论文，2018。

③ 孙瑞英、马海群：《太极哲理对开放数据与数据安全政策协同的启示》，《现代情报》2018 年第 5 期。

④ 王亚男：《金融审慎政策与货币政策协同效应研究》，内蒙古财经大学硕士学位论文，2018。

⑤ 云小鹏：《基于 CGE 模型的能源与环境财税政策协同影响效应研究》，《经济问题》2019 年第 7 期。

⑥ 王德庄、姜鑫：《科学数据开放政策与个人数据保护政策的政策协同研究——基于利益相关者理论视角》，《情报资料工作》2019 年第 3 期。

⑦ 姜鑫、王德庄：《开放科学数据与个人数据保护的政策协同研究——基于政策文本内容分析视角》，《情报理论与实践》2019 年第 12 期。

⑧ 姜鑫、马海群、王德庄：《基于质性文本分析视角的开放科学数据与个人数据保护的政策协同研究——以国外资助机构为例》，《情报理论与实践》2020 年第 7 期。

⑨ 毛捷、孙浩、徐军伟：《财政政策与货币政策协同的理论思考和实践构想》，《财政研究》2020 年第 12 期。

⑩ 董战峰、周佳、毕粉粉、宋祎川、张哲予、彭忱、赵元浩：《应对气候变化与生态环境保护协同政策研究》，《中国环境管理》2021 年第 1 期。

⑪ 何剑、张梦婷、许丽萍、郑智勇：《收入分配视角下中国“扩内需”的政策协同研究》，《财经研究》2021 年第 7 期。

政策协同演化的历史。[①] 郭净等通过构建双重差分模型，考察了单独的产业政策以及产业政策与财政、金融、货币政策协同对中小企业创新绩效的效应差异。[②] 魏玮等利用 2007～2016 年的省际面板数据，考察了绿色信贷与环保财政政策在促进产业升级方面的协同效应。[③] 张涛等运用 LDA 主题聚类方法，通过主题分布、共现强度、政策力度的数值加权计算主题协同度。[④] 封颖等分析了 1978～2018 年中国新材料领域科技政策和产业政策的协同关系。[⑤] 姜鑫等以英国爱丁堡大学的《数据保护政策》为例，探讨了国外科研机构开放科学数据与个人数据保护的政策协同实践。[⑥] 余晓等从整体性治理的视角，借助 PMC 政策评价模型通过灰色关联度分析了 1986～2017 年我国出台的标准化政策和科技政策。[⑦] 李继永等测量了 639 份中央和国家与地方经济建设同国防建设协调发展政策关注的主题分布情况以及地方落实国家发展战略政策的情况。[⑧] 李清杨等利用 2001～2016 年我国制造业 27 个行业的数据，从结构合理化与高级化两个维度探讨产业政策和贸易政策协同作用对制造业结构优化升级的影响。[⑨]

三是提出加强两类政策协同的对策。范炜等提出提高财政和货币政

---

① 陈本燕：《技术与财政政策的协同演化研究》，西南财经大学博士学位论文，2012。

② 郭净、孟晓倩、徐玲：《产业政策及政策协同对企业创新绩效的效应比较》，《郑州大学学报》（哲学社会科学版）2019 年第 2 期。

③ 魏玮、曹景林：《产业升级视角下绿色信贷与环保财政政策协同效应研究》，《科技进步与对策》2019 年第 12 期。

④ 张涛、马海群：《基于政策文本计算的开放数据与数据安全政策协同研究》，《情报理论与实践》2020 年第 6 期。

⑤ 封颖、高芳、徐峰、杨扬：《科技政策与产业政策协同关系的再认识》，《中国科技论坛》2020 年第 8 期。

⑥ 姜鑫、马海群、王德庄：《国外科研机构开放科学数据与个人数据保护的政策协同研究——基于爱丁堡大学〈数据保护政策〉的案例分析》，《档案学研究》2020 年第 4 期。

⑦ 余晓、祝鑫梅、宋明顺：《标准与科技的“乘数效应”是否体现？——政策协同的视角》，《中国软科学》2021 年第 5 期。

⑧ 李继永、孔昭君：《经济建设与国防建设协调发展政策协同性研究》，《未来与发展》2021 年第 11 期。

⑨ 李清杨、臧旭恒、曲一申：《产业政策与贸易政策协同作用下制造业结构优化升级研究》，《亚太经济》2022 年第 3 期。

策协同效应绩效的对策。[①] 周伟民构建了环保标准和安全标准与相对应的法律政策之间的协同机制。[②] 张晓杰提出新型城镇化与基本公共服务均等化政策协同的推动机制与完善策略。[③] 冼海钧以广西壮族自治区为例，提出财政、金融和产业政策协同支持精准扶贫的总体框架和实施路径。[④] 刘华等论证了环境保护政策与知识产权政策体系协同运行必要性和可行性。[⑤] 武东海提出解决青少年体质健康监测政策协同阻滞的策略。[⑥] 郭玉清等通过数据分析税收负担对企业杠杆率的影响，检验“降成本”和“去杠杆”两大战略任务的理论关联。[⑦]

4. 通过定量研究方法针对一定时间段内政策协同演变过程的研究

主要从政策力度、政策主体、政策目标、政策措施等维度，实证分析某领域内政策协同的演变及效果。

一是从主体维度进行分析。范利君分析了我国 2006～2014 年创新政策的政策制定主体、政策内容以及政策类型之间的协同关系。[⑧] 樊霞等从主体、目标、措施维度对比了“长三角”和“珠三角”的创新政策。[⑨] 李雪伟等运用政策协同量化标准，分析了京、津、冀的“十三五”专项规划。[⑩] 操小娟等分析了我国 2017 年省级层面 5 项农业专项

---

① 范炜、娄依兴：《我国财政货币政策协同效应绩效研究》，《财政研究》2005 年第 2 期。

② 周伟民：《技术标准与相应法律政策协同机制研究》，上海交通大学博士学位论文，2007。

③ 张晓杰：《新型城镇化与基本公共服务均等化的政策协同效应研究》，《经济与管理》2013 第 11 期。

④ 冼海钧：《财政、金融和产业政策协同支持精准扶贫问题研究——以广西为案例》，《南方金融》2017 年第 7 期。

⑤ 刘华、黄金池：《环保政策与知识产权政策协同运行研究》，《湖南社会科学》2017 年第 5 期。

⑥ 武东海：《青少年体质健康监测政策协同研究》，《北京体育大学学报》2019 年第 8 期。

⑦ 郭玉清、张妍：《“去杠杆”与“降成本”的政策协同：机制分析与经验证据》，《经济与管理评论》2021 年第 4 期。

⑧ 范利君：《2006 年到 2014 年间中国创新政策协同演变研究》，电子科技大学硕士学位论文，2016。

⑨ 樊霞、陈娅、贾建林：《区域创新政策协同——基于长三角与珠三角的比较研究》，《软科学》2019 年第 3 期。

⑩ 李雪伟、唐杰、杨胜慧：《京津冀协同发展背景下的政策协同评估研究——基于省级“十三五”专项规划文本的分析》，《北京行政学院学报》2019 年第 3 期。

转移支付项目和农业总产值数据，对比了东部、中部、西部农业专项转移支付的组合效用。[①] 石培华等基于府际政策差异和政策扩散视角，构建“政策时间—政策空间—政策发文主体—政策主题内容”分析框架，对122份旅游企业复工复产政策进行分析。[②] 周密等基于京津冀和长三角地区1998~2019年2726篇科技创新政策文本，在“政策主体—政策目标—政策工具—政策具体内容”的四元分析框架下，对京津冀和长三角科技创新政策进行对比分析。[③]

二是从工具维度进行分析。李伟红等基于我国16个地区的创新政策，分析了政策工具间的协同作用与经济绩效的关系。[④] 王延杰提出治理京津冀地区大气污染的财政金融政策协同配合的对策。[⑤] 王振宇等运用Vague集理论，测算了江西省知识产权保护与科技创新协同发展的政策绩效。[⑥] 高彩丽通过构建普惠金融政策协同度度量模型，计算了我国普惠金融政策的协同度。[⑦] 乐为等基于我国2009~2018年102条国家层面的新能源汽车产业政策，测算了不同目标与单一措施或多种措施组合的协同状况以及对新能源汽车市场渗透效果的影响。[⑧] 李丽等分析了生活性服务业发展政策措施协同对生活性服务业发展的影响。[⑨] 周环等运

① 操小娟、李佳维：《主体功能区建设中农业专项转移支付的政策协同研究——基于东、中、西部的比较分析》，《软科学》2020年第8期。

② 石培华、翟燕霞：《重大公共卫生危机治理中旅游企业复工复产政策差异及协同研究——基于122份政策文本的计量探索》，《经济与管理》2021年第4期。

③ 周密、胡清元：《区域科技创新政策协同的多维度文本分析——基于京津冀和长三角的异质性视角》，《首都经济贸易大学学报》2022年第6期。

④ 李伟红、李洁然、陈燕：《中小企业创新政策协同作用的经济绩效研究——基于全国16省份2001~2011年样本数据》，《科技管理研究》2014年第12期。

⑤ 王延杰：《京津冀治理大气污染的财政金融政策协同配合》，《经济与管理》2015年第1期。

⑥ 王振宇、邓尚洲：《江西省知识产权保护与科技创新协同发展的政策绩效研究》，《企业经济》2017年第6期。

⑦ 高彩丽：《中国普惠金融政策协同及其有效性研究》，武汉理工大学硕士学位论文，2018。

⑧ 乐为、何源：《新能源汽车产业政策协同与市场渗透研究》，《管理学刊》2019年第5期。

⑨ 李丽、王微微、李尚容、陈佳波：《我国生活性服务业的政策演变与协同研究》，《商业经济研究》2021年第2期。

用 LDA 主题聚类法计算数据隐私政策的主题协同度。[①] 杜晓等通过 ROST CMS6 对山东省 101 份涉农电商政策文本进行高词频、共词、社会网络与词云图分析。[②]

三是从时间维度进行分析。彭纪生和仲为国等分别通过量化我国 1978~2006 年的创新政策,[③] 分析了创新政策中部门协同、目标协同和措施协同对经济增长的影响。[④] 汪涛等通过对我国 2006~2012 年中长期科技发展规划的政策进行量化，从政策历史演进、政策层级、政策主体和政策工具等角度分析了政策群的协同性。[⑤] 李良成等分析了广东省 51 份战略性新兴产业政策的协同性。[⑥] 杨艳等通过设计政策量化手册和政策协同度的度量模型，分析了 1995 年以来上海市人才政策的协同性。[⑦] 郭本海等通过构建产业政策协同度模型，评估了我国 2007~2015 年光伏产业政策措施的协同情况。[⑧] 柳晓露以我国 354 项绿色增长政策为样本，分析了绿色增长政策协同演变历程和路径。[⑨] 梅菁等通过分析我国 1987~2016 年资源环境审计政策，描绘了资源环境审计政策协同演变轨迹。[⑩] 曹堂哲等采用政策协同分析法，分析了 1985~2017 年我国 PPP 政

① 周环、幸强国、唐泳：《基于政策文本计算的数据开放与隐私保护政策协同度研究》，《图书馆论坛》2021 年第 11 期。

② 杜晓、唐丽萍：《山东省涉农电商政策的演进与发展趋势研究——基于 101 篇政策文本计量分析》，《安徽商贸职业技术学院学报》（社会科学版）2021 年第 2 期。

③ 彭纪生、仲为国、孙文祥：《政策测量、政策协同演变与经济绩效：基于创新政策的实证研究》，《管理世界》2008 年第 9 期。

④ 仲为国、彭纪生、孙文祥：《政策测量、政策协同与经济绩效——基于创新政策的实证研究（1978~2006）》，《南方经济》2008 年第 7 期。

⑤ 汪涛、谢宁宁：《基于内容分析法的科技创新政策协同研究》，《技术经济》2013 年第 9 期。

⑥ 李良成、高畅：《基于内容分析法的广东省战略性新兴产业政策协同性研究》，《科技管理研究》2016 年第 14 期。

⑦ 杨艳、郭俊华、余晓燕：《政策工具视角下的上海市人才政策协同研究》，《中国科技论坛》2018 年第 4 期。

⑧ 郭本海、李军强、张笑腾：《政策协同对政策效力的影响——基于 227 项中国光伏产业政策的实证研究》，《科学学研究》2018 年第 5 期。

⑨ 柳晓露：《中国绿色增长政策协同演变研究》，大连理工大学硕士学位论文，2018。

⑩ 梅菁、何卫红：《我国资源环境审计政策协同测量》，《财会月刊》2018 年第 17 期。

策的协同情况。[①] 唐恒等以江苏省 2006~2017 年专利创造激励政策为样本，从政策协同网络的总体态势、历年演化趋势和不同层级特质等方面进行了分析。[②] 李玲等分析了 1978~2018 年乡村教师队伍建设政策的历时协同、部门协同、措施协同。[③] 张蕾等以我国 2007~2017 年 139 条国家层面的新能源汽车产业政策为样本，分析了新能源汽车政策和相关部门的协同及演化。[④] 张娜等运用政策效力和政策工具协同测度模型，分析了我国 299 篇国家层面公共信息资源开放政策的政策效力和政策工具演变。[⑤]李丽等从政策力度和政策措施维度，分析了我国 1996~2018 年服务业的部门协同和政策措施协同的演变。[⑥] 王坤等通过构建部门协同、措施协同、目标协同的分析框架，对 2013~2020 年我国产教融合政策协同性进行评价。[⑦] 赵洁等从政策力度、政策措施、政策目标维度，分析了我国 2006~2019 年养老服务业的政策协同度。[⑧] 李丽等对京津冀 1978~2019 年农产品流通发展政策的协同性进行了分析。[⑨] 贺丹等从政策演进、政策主体关系、文本类型、政策工具结构等方面分析了

① 曹堂哲、崔楚虹：《我国 PPP 政策协同分析——基于 1985~2017 年国家和部委层面的政策计量》，《岭南学刊》2019 年第 2 期。

② 唐恒、何锦润、孙莹琳、赫英淇：《专利创造激励政策协同网络演化研究》，《科学学与科学技术管理》2019 年第 9 期。

③ 李玲、李伟：《乡村教师队伍建设政策协同性评价研究》，《南京师大学报》（社会科学版）2020 年第 1 期。

④ 张蕾、秦全德、谢丽娇：《中国新能源汽车产业的政策协同研究——评估与演化》，《北京理工大学学报》（社会科学版）2020 年第 3 期。

⑤ 张娜、马续补、张玉振、刘怀亮、秦春秀、刘玮：《基于文本内容分析法的我国公共信息资源开放政策协同分析》，《情报理论与实践》2020 年第 4 期。

⑥ 李丽、陈佳波、李朝鲜、董必俊：《中国服务业发展政策的测量、协同与演变——基于 1996~2018 年政策数据的研究》，《中国软科学》2020 年第 7 期。

⑦ 王坤、沈娟、高臣：《产教融合政策协同性评价研究（2013~2020）》，《教育发展研究》2020 年第 17 期。

⑧ 赵洁、李家聘、管萌、吴宗辉：《基于内容分析法的我国养老服务业政策协同研究》，《中国卫生政策研究》2020 年第 7 期。

⑨ 李丽、李尚容、王微微、陈佳波：《京津冀农产品流通政策的协同性及有效性分析》，《商业经济研究》2021 年第 4 期。

1986 年以来我国中央政府的绿色服务政策。[①] 邵志高等依据吉林省 2011~2020 年的经济数据，对财政政策、货币政策与经济增长之间的关系和效果进行分析和评价。[②] 方永恒等基于我国 1985~2018 年藏羌彝文化产业走廊政策，运用平均协同度测度模型从政策力度、政策目标和政策措施维度描绘政策协同演变过程。[③] 王晓林等从政策效力、目标、措施维度，对 1995~2019 年 462 份全民健身政策的协同演变进行测评。[④] 操小娟等从政策主体协同、政策目标协同和政策工具协同三个维度，对 2011~2020 年 134 份中央层面土地政策文本进行分析。[⑤] 兰梓睿从可再生能源政策力度、政策目标和政策措施三个维度构建评估模型，评估我国促进可再生能源发展政策的效力、效果和协同度。[⑥]

二　国外研究现状

（一）开放政府数据政策研究

笔者于 2023 年 1 月 1 日，在 Web of Science、Elsevier、Emerald 等 3 个外文数据库中，按照标题、主题或关键词 “open government data policy” 和 “government data opening policy” 进行检索，经过手动剔除不相关文献后，可归纳为 3 个主题。

1. 开放政府数据政策分析和对比研究

分析开放政府数据政策的构成因素，从开放程度、意义价值、体系

① 贺丹、唐娅华：《中国绿色服务政策演进、协同及文本内容分析》，《中国环境管理》2021 年第 3 期。

② 邵志高、安东妮、刘蕴霄：《财政政策与货币政策对区域经济增长的协同效应研究——以吉林省为例》，《吉林金融研究》2021 年第 8 期。

③ 方永恒、宋婉怡、张倩：《藏羌彝文化产业走廊政策协同研究》，《地域研究与开发》2021 年第 4 期。

④ 王晓林、董德龙、于永平：《效力、目标、措施：中国全民健身政策协同演变与启示》，《唐山师范学院学报》2021 年第 6 期。

⑤ 操小娟、杜丹宁：《政策协同视角下的主体功能区土地政策研究》，《行政论坛》2021 年第 6 期。

⑥ 兰梓睿：《中国可再生能源政策效力、效果与协同度评估——基于 1995~2018 年政策文本的量化分析》，《大连理工大学学报》（社会科学版）2021 年第 5 期。

框架、法律质量等角度进行分析与对比研究。欧洲信息获取组织和法律与民主中心对比了世界各国信息获取法律法规质量。[①] Jetzek 等提出系统分析开放政府数据经济和社会影响的战略框架。[②] Kassen 从法律基础设施、政治和经济环境等方面评估了芝加哥的开放数据项目。[③] Zuiderwijk 等构建了由政策环境、政策内容、绩效指标和公共价值构成的政府数据开放政策比较框架。[④] Bates 分析了英国政府数据开放政策对政府公告政策议程的促进作用。[⑤] Albano 等运用组织间网络理论，分析了开放政府数据的促进与激励因素。[⑥] Abella 等提出 MELODA 模型，从法律考量、技术标准、获取和数据模型四个维度评估了开放政府数据。[⑦] Nugroho 等构建政府数据开放政策的跨国家比较框架，对比了美国、英国等 5 个国家政府数据开放的实践情况。[⑧] Jung 等对韩国开放政府数据政策进行了语义网络分析。[⑨] Attard 等总结了影响数据真正开放

---

① "Global Right to Information Rating Map", http://www.rti-rating.org/.

② Jetzek T., Avital M., Bjorn-Andersen N., "The Generative Mechanisms of Open Government Data", *Proceedings of the 21st European Conference on Information Systems*, 23 (2013), pp. 48-57.

③ Kassen M., "A Promising Phenomenon of Open Data: A Case Study of the Chicago Open Data Projects", *Government Information Quarterly*, 30 (2013), pp. 508-513.

④ Zuiderwijk A., Janssen M., "Open Data Policies, Their Implementation and Impact: A Frame Work for Comparison", *Government Information Quarterly*, 31 (2014), pp. 17-29.

⑤ Bates J., "The Strategic Importance of Information Policy for the Contemporary Neoliberal State: The Case of Open Government Data in the United Kingdom", *Government Information Quarterly*, 31 (2014), pp. 388-395.

⑥ Albano C. S., Reinhard N., *Open Government Data: Facilitating and Motivating Factors for Coping with Potential Barriers in the Brazilian Context* (Dublin: Electronic Government, 2014), pp. 181-193.

⑦ Abella A., Marta Ortiz-de-Urbina-Criado, Carmen De-Pablos-Heredero, "Meloda, Métrica Para Evaluar La Reutilización de Datos Abiertos", *Elprofesional de la Information*, 23 (2014), pp. 582-588.

⑧ Nugroho R. P., Zuiderwijk A., Janssen M., de Jong M., "A Comparison of National Open Data Policies: Lessons Learned", *Transforming Government: People, Process and Policy*, 9 (2015), pp. 286-308.

⑨ Jung K., Park H. W., "A Semantic (TRIZ) Network Analysis of South Korea's 'Open Public Data' Policy", *Government Information Quarterly*, 32 (2015), pp. 353-358.

的因素：法规冲突、隐私和数据保护、版权许可、竞争和责任。[①] Hardy等指出，不确定的可靠性和隐私法的要求是澳大利亚政府数据开放面临的挑战。[②] Ruijer 等基于活动理论构建了开放数据民主活动模型，探讨政府数据开放对推动民主进程的重要意义。[③] 송석현等从生态系统角度评估了韩国 2013~2016 年开放政府数据政策的有效性。[④] Žuffová 分析了信息自由法律与腐败之间的关系。[⑤] Mou 等分析了政府官员实施开放数据政策的信息行为。[⑥]

2. 政府数据开放与隐私和数据安全研究

通过政策手段在数据开放与隐私和数据安全之间取得平衡。Gritzalis 认为，在大数据时代，仅通过立法并不能有效保护个人隐私，还要形成一个具有强制执行性的现代信息和通信系统的设计准则。[⑦] Huijboom 等指出，隐私保护和国家安全立法会对政府数据开放构成制约。[⑧] Solar 等认为，政府应通过法律法规、发布政策和内部规章推动政

① Attard J., Orlandi F., Scerri S., et al., "A Systematic Review of Open Government Data Initiatives", *Government Information Quarterly*, 32 (2015), pp. 399-418.

② Hardy K., Maurushat A., "Opening up Government Data for Big Data Analysis and Public Benefit", *Computer Law&Security Review the International Journal of Technology Law&Practice*, 33 (2016), pp. 30-37.

③ Ruijer E., Grimmelikhuijsen S., Meijer A., "Open Data for Democracy: Developing a Theoretical Framework for Open Data Use", *Government Information Quarterly*, 34 (2017), pp. 45-52.

④ 송석현, et al., "A Study on the Effectiveness of Korea's Open Government Data Policy: Ecosystem Perspective", *Journal of Korean Associastion for Regional Information Society*, 20 (2017), pp. 1-34.

⑤ Žuffová M., "Do FOI Laws and Open Government Data Deliver as Anti-Corruption Policies? Evidence from a Cross-Country Study", *Government Information Quarterly*, 37 (2020).

⑥ Mou Y. T., Jung W. Y., "Looking for Datasets to Open: An Exploration of Government Officials' Information Behaviors in Open Data Policy Implementation", *Government Information Quarterly*, 38 (2021).

⑦ Gritzalis S., "Enhancing Web Privacy and Anonymity in the Digital Era", *Informaition Management&Computer Security*, 12 (2004), pp. 255-288.

⑧ Huijboom N., Broek T., "Open Data: An International Comparison of Strategies", *European Journal of ePractice*, 12 (2011), pp. 1-13.

府数据开放。[①] Joseph 等认为，数据隐私保护是政府大数据应用的主要障碍。[②] Clarke 等认为，数据隐私是政府信息服务中大数据应用的重要问题。[③] Zuiderwijk 等提出，设立涉及隐私和敏感数据的专门政策，以改善公共组织开放数据的发布。[④] Nam 对韩国围绕开放数据、信息自由、加强公民治理和政府部门间合作进行了 SWOT 分析。[⑤] Kennedy 等探讨了欧盟数据安全的法律要求。[⑥] Elisa 等运用区块链技术构建了 P2P 分散式系统，既保证个人隐私安全，又提高公共部门信任度。[⑦] Zou 等通过开发隐私保护算法，高效地识别隐私风险并有针对性地采取技术防范策略来保护个人隐私。[⑧] Huang 等认为，数据发布过程中存在问责制的认知风险，在实施开放政府数据政策时会对战略应变产生积极影响。[⑨]

3. 开放政府数据政策协同研究

针对目前开放政府数据政策不协同的情况，提出相应框架建议与解

① Solar M., Concha G., Meijueiro L., *A Model to Assess Open Government Data in Public Agencies* (Berlin: International Conference on Electronic Government. Springer, 2012), pp. 210-221.

② Joseph R. C., Johnson N. A., "Big Data and Transformational Government", *IEEE Journals& Magazines*, 15 (2013), pp. 43-48.

③ Clarke A., Margetts H., "Governments and Citizens Getting to Know Each Other Open, Closed, and Big Data in Public Management Reform", *Policy&Internet*, 6 (2014), pp. 393-417.

④ Zuiderwijk A., Janssen M., Choenni S., Meijer R., "Design Principles for Improving the Process of Publishing Open Data", *Transforming Government: People, Process and Policy*, 8 (2014), pp. 185-204.

⑤ Nam T., "Challenges and Concerns of Open Government: A Case of Government 3.0 in Korea", *Social Science Computer Review*, 33 (2015), pp. 556-570.

⑥ Kennedy E., Millard C., *Data Security and Multi-Factor Authentication: Analysis of Requirements under FC Law and in Selected FC Member States* (Queen Mary School of Law Legal Studies Research Paper, 2015), p. 194.

⑦ Elisa N., Yang L. Z., Chao F., et al., "A Framework of Blockchain-Based Secure and Privacy-Preserving E-Government System", *Wireless Networks*, 12 (2018), pp. 1-21.

⑧ Zou Y. L., He W., Zhang L. J., et al., "Research on Privacy Protection of Large-Scale Network Data Aggregation Process", *International Journal of Wireless Information Networks*, 26 (2019), pp. 193-200.

⑨ Huang H., et al., "Resisting by Workarounds: Unraveling the Barriers of Implementing Open Government Data Policy", *Government Information Quarterly*, 37 (2020).

决途径。Napoli 等认为，美国政府部门在数据透明程度和公众获得数据权利限度上的要求不一致，政策缺乏连续性、一致性和相互协同，造成不同层面信息分散和冲突。① Peled 认为，美国许多机构忽略开放数据程序，这与政府倡导的透明度产生冲突，需要通过机构间协作进行解决。② Janssen 认为，欧洲应对相关信息政策进行整合，以推动数据再利用。③ 성훈认为，开放政府数据模式的转变要求对犯罪统计相关数据开放政策做出改变。④ Bertot 认为，大数据开放越来越多地在不同系统、层级政府和政府部门之间传递实时数据，并提出开放政府数据政策框架的建议。⑤ Yannoukakou 等通过阐释信息权利和开放政府数据的协同，提出构建政府数据广泛传播的路径。⑥ Rosnay 等认为，现有开放政府数据政策遵循当前的法律框架，应为开放政府数据政策制定相应的法律依据。⑦ Lee 构建了政府数据开放生态系统，具体包含数据审计、数据集选择、数据隐私、许可、高质量数据发布、数据获取、数据发现、公共机构支持、数据用户参与、评估等要素。⑧ Yang 等认为，政策与立法是影响政府数据开放的最重要因素，组织和环境是次要影响因素，技术是

① Napoli P. M., Karaganis J., "On Making Public Policy with Publicly Available Data: The Case of U.S. Communications Policymaking", *Government Information Quarterly*, 27 (2010), pp. 384-391.

② Peled A., "When Transparency and Collaboration Collide: The USA Open Data Program", *Journal of the Association for Information Science and Technology*, 62 (2011), pp. 2085-2094.

③ Janssen K., "The Influence of the PSI Directive on Open Government Data: An Overview of Recent Developments", *Government Information Quarterly*, 28 (2011), pp. 446-456.

④ 정훈, "A Study on the Theory and Model of Educational Policy Analysis through 4-Dimension Policy Analysis Model of Cooper", *Public Policy Review*, 24 (2012), pp. 147-164.

⑤ Bertot J. C.:《大数据与开放数据的政策框架：问题、政策与建议》，郑磊、徐慧娜、包琳达译，《电子政务》2014 年第 1 期。

⑥ Yannoukakou A., Araka I., "Access to Government Information: Right to Information and Open Government Data Synergy", *Procedia-Social and Behavioral Sciences*, 147 (2014), pp. 332-340.

⑦ Rosnay M. D., Janssen K., "Legal and Institutional Challenges for Opening Data Across Public Sectors: Towards Common Policy Solutions", *Journal of Theoretical and Applied Electronic Commerce Research*, 9 (2014), pp. 1-14.

⑧ Lee D., *Building an Open Data Ecosystem-An Irish Experience* (ACM International Conference Proceeding Series, 2014), pp. 351-360.

最容易解决的因素。[①] Koznov 等认为，建立开放数据生态系统、倡导政府在开放数据中的主导作用、更深层次的商业参与以及减少官僚主义障碍在开放政府数据中是必要的。[②] Sharon 等提出由背景、动机、政策和战略、数据发布、数据利用和产品、反馈和交流、收益等构成的政府数据开放生态系统，用于规划和设计政府数据开放项目。[③] Chatfield 等以澳大利亚联邦和州政府为例，解析了开放政府数据政策的创新扩散模式，发现较早制定开放政府数据政策的政府都具有活跃的政策企业家（或牵头部门/机构）。[④] Shepherd 等认为，英国中央政府政策鼓励公共机构提供数据供重复使用，但地方的做法非常多变，更多是响应当地组织的战略和资源优先事项。[⑤]

（二）政策协同研究

笔者于 2023 年 1 月 1 日，在 Web of Science、Elsevier、Emerald 等 3 个外文数据库中，按照标题、主题或关键词"policy synergy""policy synergies""policy coordination"进行检索，经过手动剔除不相关文献后，可归纳为 3 个主题。

1. 政策协同的内涵研究

主要集中在对政策协同概念、内容的界定和归纳等方面。Mulford 等认为，政策协同是两个以上的组织，通过利用现有决策规则或创

① Yang T. M., Lo J., Shiang J., "To Open or not to Open? Determinants of Open Government Data", *Journal of Information Science*, 41 (2015), pp. 596-612.

② Koznov D., Andreeva O., Nikula U., Maglyas A., Muromtsev D., Radchenko I., "A Survey of Open Government Data in Russian Federation", *Knowledge Engineering and Knowledge Management*, 3 (2016), pp. 173-180.

③ Sharon S. D., Lyudmila V., Olga P., "Planning and Designing Open Government Data Programs: An Ecosystem Approach", *Government Information Quarterly*, 33 (2016), pp. 15-27.

④ Chatfield A. T., Reddick C. G., "The Role of Policy Entrepreneurs in Open Government Data Policy Innovation Diffusion: An Analysis of Australian Federal and State Governments", *Government Information Quarterly*, 35 (2018), pp. 123-134.

⑤ Shepherd E., et al., "Open Government Data: Critical Information Management Perspectives", *Records Management Journal*, 29 (2019), pp. 152-167.

造新的规则，以共同应对相似任务环境的过程，从而实现战略的协同。[①]Rogers 等认为，政策协同是两个或者多个部门为实现共同目标创造规则的过程。[②] Halpern 认为，政策协同是指不同政府部门将政策制定过程中协同或不同的政策建议演进融合为一项共识。[③] Peters 认为，政策协同是政府的政策或规划达到最小的冗余和缺失，以实现最大化的连贯一致和有序状态。[④] 加拿大南北研究所认为，政策协同可确保政策相互配合、互补或者至少不矛盾。[⑤] Meijers 等认为，政策协同是在政策制定过程中，管理超越现有政策领域边界和单个职能部门职责范围的跨界问题，这些问题需要在多元主体间进行协同。[⑥]Hilker 认为，政策协同可看作政府部门通过“互相对话”来设计政策的过程，以实现各项政策间的冲突最小化和配合最大化。[⑦] Bolleyer 认为，政策协同是指同一政策领域内或跨不同政策领域过程的系统互联性。[⑧] OECD 认为，政策协同是政府部门和机构之间政策的相互增强，以创造针对既定目标协同的系统化推广。[⑨] Candel 等认为，政策协同是一个在现有的或新形

① Mulford C. L., Roger D. L., *Definitions and Models* (Ames: Lowa State University Press, 1982), pp. 9-31.

② Rogers D. L., Whetten D. A., “Interorganizational Coordination: Theory, Research, and Implementation”, *Administrative Science Quarterly*, 29 (1984), pp. 470-472.

③ Halpern N. P., “Information Flow and Policy Coordination in the Chinese Bureaucracy” in Kenneth G., Lieberthal and David M. Lampton, eds., *Bureaucracy, Politics and Decision Making in Post-Mao China* (Berkeley: University of California Press, 1992), pp. 125-148.

④ Peters B. G., “Managing Horizontal Government: The Politics of Coordination”, *Public Administration*, 76 (1998), pp. 295-311.

⑤ Weston A., Pierre - Antoine D., *Poverty and Policy Coherence: A Case Study of Canada's Relations with Developing Countries* (Ottawa: North-South Institute, 2003), p. 13.

⑥ Meijers E., Stead D., *PolicyIntegration: What Does It Mean and How Can It Be Achieved? A Multi-disciplinary Review* (Berlin: Delft University Press, 2004), pp. 1-15.

⑦ Hilker L. M., *A Comparative Analysis of Institutional Mechanisms to Promote Policy Coherence for Development* (Brighton: OECD Policy Workshop, 2004), p. 16.

⑧ Bolleyer N. “The Influence of Political Parties on Policy Coordination”, *Governance*, 24 (2011): 469-494.

⑨ OECD - DAC, “From Aid Effectiveness to Development Effectiveness: Strategy and Policy Coherence in Fragile States”, Synthesis Report, 2001.

成的治理体系内，由多维的政策和制度变迁进行机构驱动的过程。[①] Tosun 等认为，政策协同是将一个政策领域的关注点和目标整合到另一个政策领域的过程。[②] Ferry 围绕政策协同的内涵，将公共政策协同划分为多个维度，包括：纵向和横向协同，正向协同、负向协同和协同失败，基于规则的协同、组织协同、战略政策协同和政策工具协同等。[③]

2. 政策协同的作用研究

主要集中在政策协同实施的必要性、发挥的功能、实现的目标和作用的原理等方面。Metcalef 认为，政策协同能够使政策实施的整体表现优于部分的总和，有效防止政策的解体和碎片化。[④] Camarero 等认为，政策协同是解决政策冲突的有效途径，是政策目标相互冲突或相互竞争的结果。[⑤] Hoel 认为，良好的政策协同，有利于提升政策的实施效率，达到帕累托最优状态。[⑥] OECD 认为，政府在政策制定过程中，应把某一领域政策与经济、社会和产业等其他政策有效地协同起来。[⑦] Hopkins 等总结了加拿大政府的 5 种协同模式或机制安排：协调安排、联邦横向合作秘书处、政府间合作协议、服务网络或共享目标、广泛的政策咨询

---

① Candel J. J. L. , Biesbroek R. , "Toward a Processual Understanding of Policy Integration", *Policy Sciences*, 49 (2016), pp. 211-231.

② Tosun J. , Lang A. , "Policy Integration: Mapping the Different Concepts", *Policy Studies*, 38 (2017), pp. 553-570.

③ Ferry M. , "Pulling Things Together: Regional Policy Coordination Approaches and Drivers in Europe", *Policy and Society*, 40 (2021), pp. 37-57.

④ Metcalef L. , "International Policy Co - Ordination and Public Management Reform", *International Review Administrative Sciences*, 60 (1994), pp. 271-290.

⑤ Camarero M. , Tamarit C. , "A Rationale for Macroeconomic Policy Coordination: Evidence Based on the Spanish Peseta", *European Journal of Political Economy*, 11 (1995), pp. 65-82.

⑥ Hoel M. , "Coordination of Environmental Policy for Transboundary Environmental Problems?", *Journal of Public Economics*, 66 (1997), pp. 199-224.

⑦ OECD, *Government Coherence: The Role of the Centre of Government* (OECD Public Management Service/Public Management Committee, 2000) pp. 6-7.

或开发论坛。[①] Burns 认为，政策协同的目的是两种以上的政策融合演进，形成共同目标。[②] Shergold 认为，政策协同主要包括政策制定中的协同、政策执行和项目管理中的协同以及公共服务提供中的协同。[③] Herzog 认为，不同国家之间的政策需要加强协同。[④] Srebotnjak 认为，应加强统计监测部门和政策制定部门之间的协同，从而更好地跟踪政策的实施进度、制定政策的最佳措施和提供政策的战略分析。[⑤] Bakvis 等认为，政策协同是为了达到同一目的所进行的努力，通过最大限度地减少交叉、重复和冲突，以减少政策碎片化造成的政策效率低下。[⑥] Chadwick 认为，政策要素协同主要包含良性重叠、独立影响和高效互补等 3 种实现方式。[⑦] Kim 认为，政策协同能够维持政策的稳定性，使政策不会由于政策系统的复杂化，而在实施过程中因环境变化变得不稳定。[⑧] Lee 等认为，多种宏观调控政策的协同组合相比于单一政策可以更好地实现既定目标。[⑨] Matei 等认为，政策协同使政策具有高度的战

① Hopkins M., Couture C., Moore E., *Moving From the Heroic to the Everyday: Lessons Leraned from Leading Horizontal Project* (Ottawa: Canadian Centre for Management Development, 2001), pp. 53-54.

② Burns J. P, *Horizontal Government: Policy Coordination in China, Paper Prepared for the International Conference on Governance in Asia: Culture, Ethics, Institutional Reform and Policy Change* (Hong Kong: City University of Hong Kong, 2002), pp. 1-2.

③ Shergold P., "Connecting Government: Whole of Government Responses to Australia's Priority Challenges", *Australian Public Service Commission*, 112 (2004), pp. 11-14.

④ Herzog B., "Coordination of Fiscal and Monetary Policy in CIS-Countries: A Theory of Optimum Fiscal Area?", *Research in International Business and Finance*, 20 (2006), pp. 256-274.

⑤ Srebotnjak T., "The Role of Environmental Statisticians in Environmental Policy: The Case of Performance", *Measurement Environmental Science&Policy*, 10 (2007), pp. 405-418.

⑥ Bakvis H., Brown D., "Policy Coordination in Federal Systems: Comparing Intergovernmental Processes and Outcomes in Canada and the United States", *Publius the Journal of Federalism*, 40 (2010), pp. 484-507.

⑦ Chadwick C., "Theoretic Insights on the Nature of Performance Synergies in Human Resource Systems: Toward Greater Precision", *Human Resource Management Review*, 20 (2010), pp. 85-101.

⑧ Kim Y. H., "International Policy Coordination Mechanism with Respect to the Moral Hazards of Financial Intermediaries", *Economic Modeling*, 28 (2011), pp. 1914-1922.

⑨ Lee K., Leung J. Y. T., Pinedo M. L., "Coordination Mechanisms with Hybrid Local Policies", *Discrete Optimization*, 8 (2011), pp. 513-524.

略特征，能够提升决策模式的一致性和政策整体的优越性。[①] Vakili 等认为，应强化政府与公益组织和行业自治组织等非政府组织之间的协同，实现政策实施效果。[②] Hughes 等认为，政策协同是使各个政策活动同步发展的一个过程，从而实现共同的政策目标。[③] Finus 等认为，各国只有加强政策协同，才能克服外部性，有效应对全球气候变化等问题。[④] Greer 等认为，部门协同全方位性和持久性的缺失会影响部门协同的有效性。[⑤] Mieńkowska-Norkien 认为，基于系统学理论的政策协同研究内容包括要素、子系统、系统间的协同。[⑥] Cejudo 等认为，政策协同可以克服政府行为的分散化，解决复杂问题的战略和行政决策。[⑦] Chudnovsky 等认为，政策协同的失败不仅与政策缺乏协调有关，而且与正式和非正式协同机制之间相互冲突有关。[⑧] Bistline 等分析了国际和区域可再生能源政策协同对北美电力部门经济、环境和规划结果的影响。[⑨] Bayu 认为，埃塞俄比亚通过良好政府间关系进行有效政策协同

---

① Matei A., Dogaru T. C., "Coordination of Public Policies in Romania: An Empirical Analysis", *Procedia-Social and Behavioral Sciences*, 81 (2013), pp. 65-71.

② Vakili G., Khorsandi S., "Coordination of Cooperation Policies in a Peer-to-Peer System Using Swarm-Based RL", *Journal of Network and Computer Applications*, 35 (2012), pp. 713-722.

③ Hughes C. E., Ritter A., Mabbit N., "Drug Policy Coordination: Identifying and Assessing Dimension of Coordination", *International Journal on Drug Policy*, 24 (2013), pp. 244-250.

④ Finus M., Kotsogiannis C., Mccorriston S., "International Coordination on Climate Policies", *Journal of Environmental Economics and Management*, 66 (2013), pp. 159-165.

⑤ Greer S. L., Lillvis D. F., "Beyond Leadership: Political Strategies for Coordination in Health Policies", *Health Policy*, 116 (2014), pp. 12 -17.

⑥ Mieńkowska-Norkien R., "Efficiency of Coordination of European Policies at Domestic Level-Challenging Polish Coordination System", *Procedia - Social and Behavioral Sciences*, 143 (2014), pp. 867-871.

⑦ Cejudo G. M., Michel C. L., "Addressing Fragmented Government Action: Coordination, Coherence, and Integration", *Policy Sciences*, 50 (2017), pp. 745-767.

⑧ Chudnovsky M., Trujillo N. E., "Conflict between Formal and Informal Rules in Policy Coordination: The Case of Child Homelessness in Mexico City", *Latin American Policy*, 10 (2019), pp. 120-143.

⑨ Bistline J., Brown M., Siddiqui S. A., Vaillancourt K., "Electric Sector Impacts of Renewable Policy Coordination: A Multi-model Study of the North American Energy System", *Energy Policy*, 145 (2020).

的形式，对于责任的顺利和有效履行至关重要。[①]Stoker 等通过分析奥巴马政府向美国 50 个城市提供援助赠款的分布情况，认为地方政策协同存在局限性。[②]

3. 政策协同在各领域应用研究

主要对某一领域的政策协同效果的分析。Chao 等认为，美国与 OECD 国家关税政策的协同，是影响净出口收益的关键因素。[③] Alesina 等通过分析大国和小国之间财政政策协同的最优规则，认为大国相对于小国应采取更低的政策协同度。[④] Levine 等认为，不同国家间贸易政策的协同，可提升贸易合作的效率。[⑤] Pollitt 认为，通过加强不同的政府之间和政策之间的协同，能够应对贫困、竞争、环境等复杂问题。[⑥] Huang 等通过分析中国的创新政策，认为政策协调一致可以提高政策效果。[⑦] Lema 等通过分析中国风能政策的协同演化，认为政策协同逐渐增强对风能发展起到促进作用。[⑧] Chen 等认为，目前美国州际可再生能源组合政策的协同程度较低。[⑨] Fischer 等认为，协同政策相比于单一政

---

① Bayu T. B. , "Center - States Policy Coordination in the Ethiopian Federalism: Institutional Perspective", *Journal of Public Policy and Administration*, 4 (2020), pp. 1-8.

② Stoker R. P. , Rich M. J. , "Obama's Urban Legacy: The Limits of Braiding and Local Policy Coordination", *Urban Affairs Review*, 56 (2020), pp. 1607-1629.

③ Chao H. P. , Peck S. , "Coordination of OECD Oil Import Policies: A Gaming Approach", *Energy*, 7 (1982) , pp. 213-220.

④ Alesina A. F. , Drazen A. , "Why Are Stabilizations Delayed?", *Social Science Electronic Publishing*, 1989.

⑤ Levine P. , Brociner A. , "Fiscal Policy Coordination and EMU: A Dynamic Game Approach", *Journal of Economic Dynamics and Control*, 18 (1994) , pp. 699-729.

⑥ Pollitt C. , "Joined-Up Government: A Survey", *Political Studies Review*, 1 (2003), pp. 34-49.

⑦ Huang C. , Amorim C. , Spinoglio M. , Gouveia B. , Medina A. , "Organization, Programme and Structure: An Analysis of the Chinese Innovation Policy Framework", *R&D Management*, 34 (2004) , pp. 367-387.

⑧ Lema A. , Ruby K. , "Between Fragmented Authoritarianism and Policy Coordination: Creating a Chinese Market for Wind Energy", *Energy Policy*, 35 (2007), pp. 3879-3890.

⑨ Chen C. , Wiser R. , Bolinger M. , "Weighing the Costs and Benefits of Renewables Portfolio Standards: A Comparative Analysis of State-Level Policy Impact Projections", *Renewable&Sustainable Energy Reviews*, 13 (2007) , pp. 552-566.

策，能以更低成本推动碳减排和可再生能源的发展。[①] Mindell 等提出促进伦敦的医疗政策与其他领域政策协同的建议。[②] Larsen 等从制度理论出发，阐释了为什么在海洋管理实践中没有解决政策协同问题。[③] Pülzl 等提出欧盟各国加强森林政策协同的具体实施步骤。[④] Sørensen 等对比了丹麦、瑞典和英国的交通运输政策协同机制的优势和劣势，包括组织协同、合同协同、伙伴协同和话语协同等。[⑤] Recalde 从制定能源政策长期规划和加强调控部门协同等角度提出解决协同失败的建议。[⑥] Kampas 等认为，欧洲农业政策和水资源政策的协同比单一政策更有利于促进希腊节约农业耗水量。[⑦] Matei 等分析了罗马尼亚公共政策的协同状况，指出加强不同政府部门之间的政策协同能有效平衡部门之间的利益冲突。[⑧] Evers 通过分析两个新型国家之间金融政策协同的收益，认为政策协同有利于提高每个国家的收益，但收益很低。[⑨] Liu 认为，

① Fischer C., Newell R. G., "Environmental and Technology Policies for Climate Mitigation", *Journal of Environmental Economics and Management*, 55 (2008), pp. 142-162.

② Mindell J., Bowen C., Herriot N., Findlay G., Atkinsona S., "Institutionalizing Health Impact Assessment in London as a Public Health Tool for Increasing Synergy between Policies in Other Areas", *Public Health*, 124 (2010), pp. 107-114.

③ Larsen S. V., KÃrnÃv L., Wejs A., "Mind the Gap in Sea: An Institutional Perspective on Assessment of Synergies Amongst Climate Change Mitigation, Adaptation and Other Policy Are Missing", *Environmental Impact Assessment Review*, 33 (2011), pp. 32-40.

④ Pülzl H., Lazdinis M., "May the Open Method of Coordination Be a New Instrument for Forest Policy Deliberations in the European Union?", *Forest Policy and Economics*, 13 (2011), pp. 411-418.

⑤ Sørensen C. H., Longva F., "Increased Coordination in Public Transport-Which Mechanisms Are Available?", *Transport Policy*, 18 (2011), pp. 117-125.

⑥ Recalde M., "Energy Policy and Energy Market Performance: The Argentinean Case", *Energy Policy*, 39 (2011), pp. 3860-3868.

⑦ Kampas A., Petsakos A., Rozakis S., "Price Induced Irrigation Water Saving: Unraveling Conflicts and Synergies between European Agricultural and Water Policies for a Greek Water District", *Agricultural Systems*, 113 (2012), pp. 28-38.

⑧ Matei A. I., Dogaru T. C., "Coordination of Public Policies in Romania: An Empirical Analysis", *Procedia-Social and Behavioral Sciences*, 81 (2013), pp. 65-71.

⑨ Evers M. P., "Strategic Monetary Policy in Interdependent Economies: Gains from Coordination Reconsidered", *Journal of International Money and Finance*, 32 (2013), pp. 360-376.

1986年以来中国风能政策协同状况的增强，有效推动了风能事业的发展。[①] Maier认为，美国国家海洋政策和欧盟海洋战略框架指令的有效实施，取决于双方政府部门之间的积极协同。[②] Kwon等认为，援助国的政策协同能够促进整体福利效果的提升。[③] Kwon通过建立动态协同机制考察境外金融的外部性，认为国际政策高效协同有利于降低银行业道德风险。[④] Shrestha等运用层次分析法分析了尼泊尔气候政策之间的协同效应。[⑤] Lschner等采用启发式政策协同框架，考察瑞士促进水利工程和土地利用规划之间的跨部门政策协同。[⑥] Agénor等使用博弈论方法，评估存在金融摩擦的两国宏观审慎政策协同的优势。[⑦] Dombrowsky等认为，水资源可持续管理等综合政策的成功，取决于来自两个或多个政策领域的行动者整合不同政策界的关注点和政策目标的能力。[⑧]

三 国内外相关研究现状述评

通过对国内外研究现状梳理可知，国外在开放政府数据政策和政策协同领域的研究均起步较早、涉及内容较宽、理念创新且较为领先。

---

① Liu Y.，"CDM and National Policy: Synergy or Conflict? Evidence from the Wind Power Sector in China"，*Climate Policy*，15（2014），pp. 767-783.

② Maier N.，"Coordination and Cooperation in the European Marine Strategy Framework Directive and the US National Ocean Policy"，*Ocean&Coastal Management*，92（2014），pp. 1-8.

③ Kwon D.，Kim Y. H.，"Welfare Effects of Foreign Aids Policy Coordination Among Asymmetric Donor Economics"，*Proccdia Economics&Finance*，30（2015），pp. 455-467.

④ Kwon T. H.，"Policy Synergy or Conflict for Renewable Energy Support: Case of RPS and Auction in South Korea"，*Energy Policy*，123（2018），pp. 443-449.

⑤ Shrestha，Subina，Dhakal，Shobhakar，"An Assessment of Potential Synergies and Trade-offs between Climate Mitigation and Adaptation Policies of Nepal"，*Journal of Environmental Management*，235（2019），pp. 535-545.

⑥ Lschner L.，Nordbeck R.，"Switzerland's Transition from Flood Defence to Flood-Adapted Land Use-A Policy Coordination Perspective"，*Land Use Policy*，95（2020）.

⑦ Agénor P. R.，Jackson T.，Jia P.，"Macroprudential Policy Coordination in a Currency Union"，*European Economic Review*，137（2021）.

⑧ Dombrowsky I.，Lenschow A.，Meergans F.，"Effects of Policy and Functional (in) Coherence on Coordination - A Comparative Analysis of Cross - sectoral Water Management Problems"，*Environmental Science & Policy*，131（2022），pp. 118-127.

开放政府数据政策研究重视对开放政府数据政策的评估分析、数据安全和个人隐私保护、开放政府数据政策协同机制构建。政策协同的研究范围从金融、货币等政策领域拓展到环境、气候等政策领域，研究视角经历了从系统外部环境转向系统内部协同的发展历程。但是，通过政策协同视角，运用协同学和系统论的思想，从要素、子系统以及外部环境等方面，现有研究多关注于开放政府数据政策协同的外在表现形式，深入解析开放政府数据政策协同内在机理的研究相对较少。

国内关于开放政府数据政策的研究相较于国外研究起步较晚，研究热度呈逐年增长趋势，已有成果从国外实践、法律政策、技术支撑、组织结构、协同机制等视角，对开放政府数据政策体系的构建和完善进行了较为丰富和深入的研究。政策协同的相关研究较为丰富，主要集中在对创新、就业、环境、养老、知识产权、财政、金融、健康等同一政策内和不同政策之间的协同问题的分析和测量，个别研究涉及开放政府数据政策。

相对而言，国内研究存在一定的薄弱之处。一些理论类研究关注到开放政府数据的政策协同问题，但是，融合系统论的思想将开放政府数据政策作为一个系统，深入研究内部运行机理的相对较少。一些实证类研究通过构建二维或三维的协同分析框架和模型，分析我国代表性的开放政府数据政策协同的情况，但是，融合政策科学的方法，全面收集省级以上的开放政府数据政策文本，构建包含主体协同模型、目标协同模型和工具协同模型的开放政府数据政策协同分析框架，全方位分析我国开放政府数据政策协同演变状况的研究相对较少。一些应用类研究从不同角度提出加强我国开放政府数据政策协同的对策建议，但是，融合协同学的理论从构建和完善我国开放政府数据政策体系的角度，提出具有针对性、可操作性对策建议的研究相对较少。

由于我国开放政府数据政策实践还处于赶超阶段，对于制定相关法律政策、建立相关制度规范还处于完善优化阶段。因此，通过运用协同学、系统论和政策科学的思想、理论、方法和工具，解析开放政府数据政策协同的运行机理，通过对我国省级以上开放政府数据政策文本的协同情况进行实证分析，进而提出我国加强开放政府数据政策协同的对策建议，仍可以进一步深入研究。

第三节 研究内容、方法和思路

一 研究内容

本研究将以我国开放政府数据政策作为主要研究对象，通过梳理开放政府数据政策协同的理论基础，解析我国开放政府数据政策协同的运行机理，总结和梳理国外部分发达国家在开放政府数据政策方面的成功经验，分析我国开放政府数据政策文本的协同状态，提出优化我国开放政府数据政策的对策。本研究主要包括以下几方面内容。

第一部分，绪论，主要从研究背景、意义和目的，国内外研究现状及述评，研究的内容、方法和思路等方面展开。

第二部分，开放政府数据政策协同的概念和理论基础，主要从开放政府数据政策、政策协同和开放政府数据政策协同等概念以及协同学、系统论和政策科学等理论基础等方面展开。

第三部分，国内外开放政府数据政策对比和分析，主要从我国开放政府数据政策的建设与发展、国外部分国家和地区开放政府数据政策分析、国内外政府数据政策对比等方面展开。

第四部分，开放政府数据政策协同机理解析，主要从开放政府数据政策体系的要素、划分和外部环境，政策协同运行的作用原理、影响因素和理想状态，开放政府数据政策协同运行的影响因素、作用机理和理想状态等方面展开。

第五部分，我国开放政府数据政策协同的实证分析，主要从我国开放政府数据政策文本测量的来源、标准、量化和模型，我国开放政府数据政策协同分析和结果，我国开放政府数据政策协同存在的问题和原因等方面展开。

第六部分，我国加强开放政府数据政策协同的对策，主要从加强开放政府数据政策体系的要素协同、子系统协同、外部环境协同等方面展开。

第七部分，结论，包括本研究的结论、创新、不足以及今后的研究方向等。

二　研究方法

（一）文献调研法

本研究通过党中央、国务院以及各部门（包含国务院的组成部门、直属特设机构、直属机构、办事机构、直属事业单位、部委管理的国家局）、省（自治区、直辖市）相关网站和政府数据开放平台，收集我国2012~2020年颁布和出台的开放政府数据政策法规；通过期刊、报纸、数据库、网站等途径，搜集国内外关于开放政府数据政策的相关文献，总结和分析开放政府数据政策协同的研究成果的优点和不足，参考其他领域政策协同研究成果，将相关理论、工具和方法引入开放政府数据政策研究领域。

（二）文本分析法

本研究通过对我国各级党委、政府部门制定的有关开放政府数据的法律、法规、条例、办法、规划、计划等政策文件的文本分析，就政策的主体、工具、力度等不同方面分别进行定性化和定量化的统计与分析，并通过政策中具体条款的单元编码和框架归类，将政策文本转化为可量化分析的数据代码，从而为进一步相对客观、深入地对我国开放政府数据政策内容分析与研究提供数据基础和方法支撑。

（三）内容分析法

本研究运用内容分析法，将用文字表述的开放政府数据政策文本，依据构建的标准转化为用数字客观呈现形式，揭示我国开放政府数据政策所具有的隐含特征，从政策理念、政策目标、政策主体、政策客体、政策工具等角度对政策文本的协同演变情况进行深入的分析和测量。

（四）模型构建法

本研究构建政策强度—政策目标—政策工具协同度测量模型，从政策主体、政策客体、政策工具三个维度，对我国现有的国家级、部委级、省级开放政府数据政策文本的协同演变情况进行实证分析，找出在政策协同方面存在的不足，根据分析结果提出我国加强开放政府数据政策协同的对策建议。

三 研究思路

本研究通过对协同学、系统论、政策协同、公共政策等理论和概念的梳理，提出开放政府数据政策协同的应然状态，在解析开放政府数据政策协同机理的基础上，总结和梳理国外部分发达国家开放政府数据政策协同的经验，运用文本分析、内容分析等方法，分析我国开放政府数据政策协同的状态，探寻我国开放政府数据政策协同中存在的问题，提出加强我国开放政府数据政策协同的对策。具体思路为：理论梳理—经验总结—作用机理—实证分析—对策提出，如图 1-1 所示。

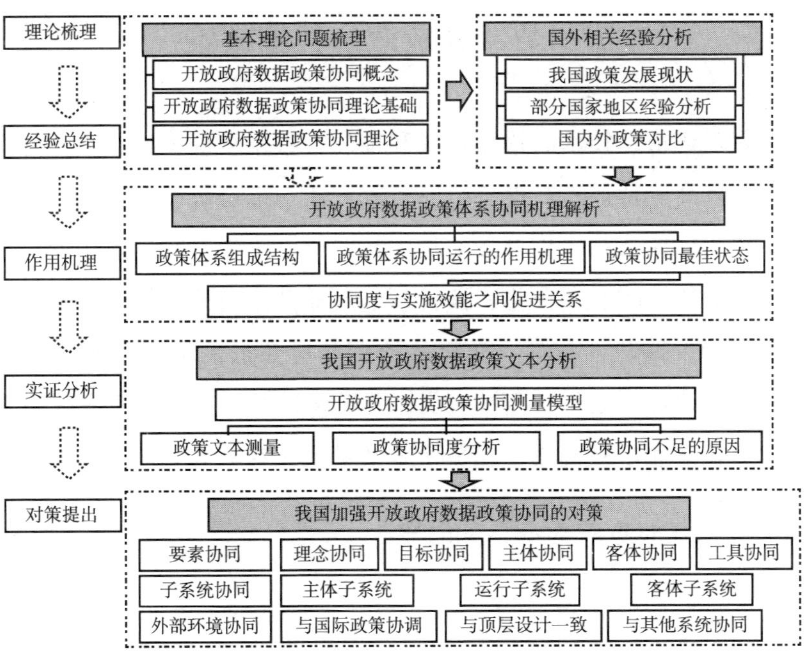

图 1-1 研究思路技术路线

第二章　开放政府数据政策协同的概念和理论基础

将政策协同理论应用于开放政府数据领域研究，需要先对开放政府数据政策的核心概念和理论基础进行界定与梳理，为后续研究厘清概念界定、明确研究范围、提供理论基础。

第一节　开放政府数据政策

随着现代信息技术的快速发展和推广，数据呈现体量巨大、种类丰富、价值极高等特征，在提升政府行政效能、推动数据产业发展、加强社会治理、创新公共文化等方面作用日益凸显。政府数据效用的最大化发挥，需要整合政府、企业、社会、个人等多方来源的数据，形成全社会范围内的数据开放共享。为充分挖掘政府数据的潜在价值，推动政治、经济、社会、文化高质量发展，“开放政府数据”“开放政府数据政策”等概念相继被提出，相关实践活动也正在兴起。

一　“开放政府数据”的概念

开放数据最初是指原始的、未经处理的科学数据。20 世纪 70 年代，政府部门最早出现开放数据的政策，当时的国际合作伙伴帮助美国国家航空航天局（National Aeronautics and Space Administration，NASA）

运营卫星的地面控制站，签署的国际协议要求这些合作伙伴采用与NASA和参与该计划的其他美国机构相适应的开放数据政策，特别是在数据公开可用方面。2006年3月9日，英国《卫报》发表《把皇冠上的明珠还给我们》拉开英国数据开放运动的序幕。2007年12月，30位开放政府数据倡导者聚集在美国加利福尼亚州发布的《开放政府数据原则》（*Eight Principles of Open Government Data*）明确了开放政府数据的基本原则，即数据必须是完整的、原始的、及时的、可获取的、机器可读的、非歧视的、非专有的、免许可的。从2008年开始，开放政府数据得到各界广泛关注。

目前，关于“开放政府数据”的概念尚未形成统一的共识。开放知识基金（Open Knowledge Foundation，OKF）将“政府数据”定义为“政府或政府控制实体生产或委托的数据和信息”。[①] 联合国将“政府数据”定义为“公共部门机构生产或委托的数据或信息”，[②] 具体包括公共部门机构（如议会、政府各部委、法院等）和其他政府控制的实体产生、创建、收集、处理、保存、维护、传播、资助或委托的任何数据和信息。[③] 例如，国家统计数据、预算信息、议会文件、地理数据、法律以及关于教育和交通方面的数据等都属于开放政府数据。国内学者将“政府数据”定义为“政府机构在所拥有和管理的数据以及政府因开展工作而产生或因管理服务需求而采集的外部大数据，为政府自有和面向政府的大数据”[④]；“政府机构在行使其职能过程中产生、采集到的数据”[⑤] 等。

关于开放政府数据，可以从狭义和广义两个方面进行理解。从狭义

① “What is Open Government Data”，https：//opengovernmentdata. org/.

② “Guidelines on Open Government Data for Citizen Engagement”，https：//publicadministration. un. org/en/.

③ “Guidelines on Open Government Data for Citizen Engagement”，http：//workspace. unpan. org/sites/Internet/Documents/Guidenlines%20on%20OGDCE%20May17%202013. pdf。

④ 张莉：《数据治理与数据安全》，人民邮电出版社，2019，第198页。

⑤ 张子良、马海群：《我国政府数据开放平台利用效果比较研究》，《数字图书馆论坛》2016年第6期。

上来说，开放政府数据仅指由各级政府部门在依法履行职责过程中制作或获取的，以一定形式记录、保存的各类数据资源。从广义上来说，根据《开放数据宪章》，开放政府数据不仅包括国家、地区和地方政府、国际政府组织以及广义的公共部门所掌握的数据，还包括外部机构（如公共组织、国有企业、事业单位等）为政府所创建的数据，以及掌握在外部机构手中，但与政府项目和服务相关，并具有重大公共利益的数据（如采掘行业数据、交通基础设施数据、天气气候环境数据等）。

从对开放政府数据的不同界定来看，主要包含三方面内容：第一，开放政府数据是公共部门的数据和（或）信息；第二，这些数据和信息是政府或由政府控制的实体生产或委托的；第三，数据是开放的，符合开放定义，满足开放数据的要求，即采用开放格式，允许任何人免费获取、重用和再分配。[①]

二 “开放政府数据政策”的概念

目前，关于“开放政府数据政策”的概念，不同学者从不同角度进行了界定。陈兰杰等认为，开放政府数据政策是使开放政府数据运动得以平稳运行并提供指导性依据的规范性文件，是在一个整体的政策性框架内约束和指导开放政府数据的演变与发展的制度性文件，使政府数据的开放始终处于可控的状态下，恰当的开放数据政策有利于开放政府数据的不断推进与深化。[②] 赵元晨认为，开放政府数据政策是在一个整体的政策性框架内约束和指导开放政府数据的演变与发展的制度性文件，具有前瞻性和可预测性。[③] 白献阳认为，开放政府数据政策是为实现政府数据开放的目标和调节政府数据开放中各种关系所制定的行为准则。[④] 张美霞认为，开放政府数据政策是政府机构或其他重要组织为有

① 温芳芳：《我国政府数据开放的政策体系构建研究》，武汉大学博士学位论文，2019。

② 陈兰杰、赵元晨：《政策工具视角下我国开放政府数据政策文本分析》，《情报资料工作》2020 年第 6 期。

③ 赵元晨：《我国开放政府数据政策现状及对策》，河北大学硕士学位论文，2020。

④ 白献阳：《美国政府数据开放政策体系研究》，《图书馆学研究》2018 年第 2 期。

计划、有目的地开展政府数据开放工作，解决政府数据开放中的问题，以权威形式标准化所发布的具体的行为准则和行动方案。[①]

开放政府数据政策的概念，可以从广义和狭义两个方面进行理解。广义的开放政府数据政策是指国家或地方的政府部门以及其他相关主体在涉及政府数据方面所做出的一切行动和方案，包括与开放政府数据相关的法律、法规、政策以及其他一切政策安排等；狭义的开放政府数据政策是指与政府数据相关的法律、法规、政策，而其他政策安排被排除在外。

本研究倾向于开放政府数据政策的广义定义，将开放政府数据政策定义为：国家或地方的政府部门以及其他相关主体制定的有关政府数据所有相关的法律、法规、意见、办法、规划、指南、标准等的总和。

三　开放政府数据政策的影响和作用

（一）有利于发挥政府数据的政治价值

第一，开放政府数据政策能够加强政府与公众之间的沟通。有效的治理需要政府与社会、企业、公众之间不断进行沟通、互动与协作。开放政府数据政策有利于提升社会组织、企业和公民等非政府主体参与公共政策和公共事务的能力，使公众等非政府主体能够参与讨论、表达需求，并能利用以可机读格式开放的政府数据来开发新的互动技术、应用和平台，从而更加方便和有效地向政府提供有价值的信息和智慧，进而影响公共决策的过程。[②]

第二，开放政府数据政策能够为政府数据治理提供数据支撑。在数据时代，政府通过制定和颁布开放政府数据的相关政策，将政府数据的开放、共享、分析、开发、利用充分融入治理过程并以此为依据进行决策，提升政府的公共决策水平，充分发挥政府数据资源的最大价值，已

① 张美霞：《开放政府数据政策文本分析》，河北大学硕士学位论文，2020。

② 郑磊：《开放的数林：政府数据开放的中国故事》，上海人民出版社，2018，第20页。

经成为推动政府治理现代化、提升政府治理能力的重要手段，为政府治理提供了新范式，有效推动政府业务流程再造以及治理模式的变革。

第三，开放政府数据政策能够促进对政府的监督。开放政府数据有助于加强问责，增强政府透明度，提高社会对政府的信任度，减少腐败的发生。通过开放政府数据政策的颁布和实施，社会组织、企业和公众等非政府主体对信息和数据的需求能够得到有效满足，有利于缩小企业、公众与政府之间的信息鸿沟，改善政府与企业和公众之间信息不对称的状况，有效保障企业和公众的信息和数据权益，增强数字民主。企业、社会组织、公众等主体能够参与到社会治理过程中，提升社会治理的开放度和主体平等化，增强政府透明度，优化和完善政府治理模式。例如，美国《开放政府指令》中的三大基本原则中的“透明”，是指政府需向公众提供政府“正在干什么”的信息来实现对政府的问责。[①] 开放政府数据政策能够有效促使政府治理理念向“善治”转变，使政府的治理方式由依赖经验转向依据数据，构建政府主导、公众参与、多元主体协同的治理模式，促进政府由传统政府向智慧型政府、从优位政府向等位政府的转型。

（二）有利于提升政府数据的资源价值

目前，大量关键数据掌握在政府手中，但由于体制机制、基础设施、技术标准等方面的制约和限制，各级政府部门之间的信息网络和数据库往往自成体系、相互割裂，相互之间的数据难以实现有效互通和共享，导致大量数据处于割裂和休眠状态。[②]

在数据时代，一个国家、地区和部门的大数据发展和建设与政府主导的数据共享密切相关；同时，政府部门职能的有效发挥也需要依赖高效、实时、准确的信息和数据的支撑。政府数据治理是通过建立一个统一、标准、协同的平台，从不同数据源中获取数据，在对数据进行全生

---

① “Open Government Directive”, https: //www. sec. gov/open.

② 高奇琦、阙天舒、游腾飞：《“互联网+”政治：大数据时代的国家治理》，上海人民出版社，2017，第 41 页。

命周期管理的同时，允许各方对数据进行相应操作，如数据审计、数据筛选、数据迁移等，从而实现数据价值最大化。

开放政府数据政策的颁布和实施，能够有效整合不同部门的权力和利益，既实现了在同一系统内不同层级部门之间进行信息和数据的纵向间互相传递，又实现了在同一层级的不同部门之间进行信息和数据的横向间互相传递。例如，美国《开放政府指令》中的三大基本原则之一“协作”，是指鼓励联邦政府内部不同的政府层级之间、政府部门之间以及政府与私营部门之间建立合作伙伴关系来提升政府效能。① 开放政府数据政策可以将统筹与平衡作为政府数据相关政策制定与实施的依据，有效消除不同政策之间、不同政策主体之间的矛盾和张力，缓解政策碎片化问题，降低政府数据的建设成本（如基础设施建设等）和管理成本（如数据管理和迁移成本等），促进不同治理主体相互之间的利益协同和目标协同，增强公共服务的有效供给，发挥政府数据资源的最大化价值，提升政府治理能力的内容完整度和效果满意度。

（三）有利于发挥政府数据的社会价值

开放政府数据政策通过推动政府数据的开放共享创造社会价值，从而提升公共服务的质量、公众生活的品质、公众的满意度以及整体福利水平。一方面，开放政府数据推动政府部门以数据为中心进行变革，转变了公共行政的运行模式，减少了政府公共支出，提升了公共服务质量，促进了服务创新，加强了公私合作，实现了赋权于民。马克思曾指出：“只有当国家与社会不再构成对抗关系，只有当政府开放，人民群众广泛参与国家事务时，全体国家成员同国家的关系就是同他们的现实事务的关系。”② 另一方面，开放数据拓展了公民获取信息和知识的渠道，缓解了信息不对称，使大家可以携手发现更多的客观规律，并对数

① “Open Government Directive”, https://www.sec.gov/open.

② 马克思、恩格斯：《马克思恩格斯全集》第3卷，中共中央编译局编译，人民出版社，2002，第146页。

据进行增值利用而产生效益。[①] 例如，美国《开放政府指令》中的三大基本原则之一的"参与"，是指激励公民贡献自己的智慧和创意，使政府能够搜集和利用散落在社会中的信息来制定公共政策。[②]

开放政府数据政策有利于减少和消除数据治理过程中的政策碎片化、数据孤岛、数据冲突等问题，实现用数据说话、用数据决策、用数据管理、用数据创新的治理模式，提升政府智慧决策水平，提升政府处理复杂问题和应对突发危机的能力。

（四）有利于释放政府数据的经济价值

密歇根州立大学教授金榕认为，真正有价值的信息是线性增长的，数字化内容是指数增长；企业从数据中获利也是线性增长的，而存储和处理的费用却是指数增长。[③] 在价值创造的机理上，政府数据从收集、处理到开放、共享再到开发、利用是一个动态的循环过程，其中既包含涉及众多利益相关者的利益关系，也存在价值导向、判断标准、运行规则等方面冲突。

在数据时代，政府实现开放式转型，需要打通社会组织、企业、个人与政府之间的数据资源开放共享通道，并评估和反馈开放数据的利用成效。开放政府数据政策能够为政府数据开发利用提供战略层面的顶层设计、法律层面的强制约束、政策层面的协调引导，通过完善技术服务体系，建立政府数据的边界、程序、方式、评估的长效机制，[④] 全面激发创新链主体创造价值的意愿，激活系统协同响应市场需求变化的能力，通过供应链与互联网、物联网等信息技术深入融合，充分发挥数据赋能的积极作用，实现政府数据"资源—能力—价值"的价值链递进式转化。

---

① 郑磊：《开放的数林：政府数据开放的中国故事》，上海人民出版社，2018，第 19 页。

② "Open Government Directive", https: //www. sec. gov/open.

③ 张楠、马宝君、孟庆国：《信息政治学：大数据驱动的公共政策分析》，清华大学出版社，2019，第 18 页。

④ 赵需要、侯晓丽、曹雨佳、彭靖：《中国政府数据开放保密审查保障机制研究》，海洋出版社，2018，第 31 页。

开放政府数据政策有助于构建良性循环的开放数据生态系统，使政府数据及时、动态、精准地流动到各个价值点，让系统中的利益相关方都能获得收益，催生数据产业和数字经济新业态的产生，形成“政府+社会+开放数据+利用数据”的合作共创格局。[①]

（五）有利于保障政府数据安全

在政府数据开放共享过程中，一方面，其能够创造巨大的政治经济社会价值；另一方面，由于数据的结构异质性、价值稀疏性、内容隐私性和管理人为性等影响，也会给（政府）数据安全带来潜在的风险，增加了政府决策的风险。这些风险包括：一是政府数据本身有可能泄露国家秘密、商业机密和个人隐私；二是政府数据被关联分析后可能涉及国家安全、商业机密和个人隐私；三是政府数据被误用或滥用会损害公共利益和第三方利益；四是政府数据出现质量问题会对数据利用者和社会造成损害。[②] 例如，目前多数发展中国家在法律法规、基础设施、技术标准等方面与发达国家相比较为薄弱和落后，数据系统的主要软硬件主要依赖于从西方发达国家进口，极易留下隐性通道、传导机制、盗取密码等隐患，存在数据遭损和泄漏的风险；一旦发生数据泄露，则意味着国家数字主权、社会公共安全、企业商业利益、个人隐私安全面临严重威胁。

开放政府数据政策能够为政府数据提供政策法规层面的保障措施，提升数据开放共享、开发利用过程中的安全水平，强化数据风险应对，并在必要时上升到法律层面。通过构建开放政府数据政策体系，提高政府部门、公共机构、企业和社会公众之间数据的开放共享安全等级，完善和优化开放政府数据安全政策，保障政府数据系统安全有序运行。

（六）有利于降低个人隐私风险

随着技术的快速发展和法治的不断进步，个人隐私的内容在法律角

① 赵需要、侯晓丽、曹雨佳、彭靖：《中国政府数据开放保密审查保障机制研究》，海洋出版社，2018，第 29 页。

② 郑磊：《开放的数林：政府数据开放的中国故事》，上海人民出版社，2018，第 21 页。

度上不断变化。在数据时代，个人隐私的范畴渐渐扩大到公众的社交网络、网络日志、消费记录等方面。在政府数据开放过程中，需要将保护公民隐私作为前提和底线。在政府数据开放共享、社会力量开发利用政府原始数据时，不得违反国家关于保密法律法规的相关规定、侵犯公民隐私相关权益。

通过开放政府数据政策，建立健全个人数据法律法规，适应个人隐私保护需求，增加数据维护的人才、技术、资金、资源投入，保证政府数据开放的及时性、准确性和安全性。例如，2018 年 5 月起全面实施的欧盟《通用数据保护条例》，促使企业更加重视对用户数据收集的合规性和透明性，加强对用户数据安全的保护，在保护数据隐私与促进数据流动、监管规范市场与保持商业竞争力之间进行平衡。开放政府数据政策能够在政府数据开放中更好地保护公民隐私，通过采取隐私脱敏技术，为用户保密，与使用数据的单位签署保密责任协议，不使用大数据手段挖掘用户隐私，充分保护用户隐私信息安全。

第二节　政策协同概念、分类和功能

本研究的对象是如何加强我国开放政府数据的政策协同，研究重点在政策协同，因此需要对“政策协同”的概念与外延进行梳理和界定。

一　政策协同的概念

20 世纪 70 年代，随着全球化进程的加快和风险社会的出现，政府在公共管理与社会治理中面对的问题日益综合化、复杂化、跨界化，西方联邦分权制国家中各级政府和各个部门之间政策不协调的问题日益凸显。传统的等级式官僚体制和线性式政策模式已经越来越难以满足社会公众对公共产品和服务供应的多样化和个性化需求。1975 年，美国《公共行政评论》以“政策管理”为主题，讨论了“新联邦主义”发展初期各级政府之间的政策协同问题。[①] 此后，学术界和政府界开始探索并寻求新的理论与实践模式，治理理论、新公共管理等相继涌现。

20 世纪 80 年代，一些西方发达国家和新兴发展中国家在新公共管理运动实践过程中逐渐认识到，如果不同政策之间存在不协调或者冲突，将会给政府绩效带来严重的影响，从而开始重视政策之间的协同问题。至此，政策协同（Policy Synergy）概念和理论被提出并开始应用于政策问题研究，成为公共管理、行政管理、政策学等学科的新研究范式。政策协同理论已在财政政策、税收政策、创新政策等领域得以运用。

目前，学术界对政策协同的概念尚未形成统一共识，不同机构和学者从不同角度进行了界定，如表 2-1 所示。

表 2-1　部分机构或学者对政策协同概念的界定

序号	机构或学者	概念界定
1	OECD	政府部门和机构之间的政策相互增强以创造针对既定目标的协同的系统化推广
2	加拿大南北研究所	确保政策相互配合及互补，或者至少不矛盾
3	Mulford 和 Rogers	两个以上的组织创造新规则或利用现有决策规则，共同应对相似任务环境的一个过程
4	Meijers 和 Stead	政策制定过程中，管理那些超越现有政策领域边界和单个职能部门职责范围的跨界问题，这些问题需要在多元主体间进行协同
5	Hilker	可看作政府部门通过“互相对话”设计政策的过程，以努力实现各项政策之间的冲突最小化和配合最大化
6	Bakvis 和 Brown	为达到同一目的所进行的努力，最大限度地减少交叉、重复和冲突，以确保减少政策碎片化所造成的政策效率低下问题
7	彭纪生等	政策的制定和实施主体利用不同政策措施的相互协调，以实现不同的政策目标

① Burgess P. M.,“Capacity Building and the Elements of Public Management”, *Public Administration Review*, 35 (1975), pp. 705-716.

续表

序号	机构或学者	概念界定
8	郑佳	政府或者社会公共权威在一定的历史时期、为实现共同的目标理念而形成的政策系统中,政策要素、政策子系统之间相互配合、相互协作并产生政策合力,形成不同于单独微观子系统简单加总的宏观系统功能
9	谢宁宁	多主体通过沟通,在统一意图的前提下谋求目标一致,并有机组合各类政策工具进行相互协作,促成政策体系的总体目标和领域、区域、阶段目标高效地达成
10	蔚超	政府为超越现有政策领域的边界,超越单个职能部门的职责范围而整合不同部门之间政策的行为

综合上述概念界定，本研究将“政策协同”定义为：通过一定手段和方式，减少不同政策在理念、目标、主体、客体、工具等方面存在的重复、交叉和冲突的情况，解决和缓解政府等主体在管理社会事务、提供公共服务过程中出现的政策碎片化问题；政策协同能够增加政策之间相互兼容、协调、支持，从而解决一些跨领域、跨部门的问题；强化各主体共同的政策目标——加强政策的一致性、连贯性、综合性，从而提升政策产出和效能。

理解政策协同的内涵，需要把握几个要点：其一，在目标上，政策协同本质可以理解为利益协同，其追求的是公共利益的最大化以及“善治”目标的实现；其二，在手段上，政策协同是通过消解“冲突”和实现“协同”来实现政策体系整体效能的提升，促进新价值的创造；其三，在方式上，政策协同是多元政策主体之间的相互合作与协调关系的调和，既包括围绕某一政策内部的协同关系，也包括不同政策之间的协同关系；其四，在价值上，政策协同是一致的，不存在优劣之分，其在程度和层次上存在的差别，是由具体的环境需求和任务特性决定的。

二　政策协同的分类

政策协同从不同角度，可以进行不同的划分。

第一，从协同程度角度，政策协同可划分为政策协调（Policy Coordination）和政策整合（Policy Interation）两个层次。OECD 认为，政策整合的协同程度高于政策协调：一方面，在互动上，与政策协调相比，政策整合的多元主体之间互动更多、更广，既可以是不同政府部门之间决策的组织间协同，又可以是同一部门内不同业务单元之间决策的组织内协同；另一方面，在产出上，政策协调的产出依然是部门各自的政策，协调的目的是提高部门政策内在的一致性，而政策整合的产出是跨越部门职能责任的统一或者一体化的政策。[①] 第二，从主体合作角度，主体的跨界合作包括上下级政府之间的纵向协同，同级政府之间、同一政府不同职能部门之间的横向协同，政府公共部门和非政府组织之间的内外协同。[②] 第三，从应用层次角度，政策协同可分为政策制定中的协同或者政策协同、项目管理中的协同或者项目协同、服务提供（包括管制）中的协同、面向个体的服务协同等。[③]

OECD 公共管理委员会将政策协同划分为横向、纵向和时间三个维度：横向维度是指，避免政策目标相互冲突或者政策内容不一致，保障单个政策之间相互支持；纵向维度是指，通过相关主体之间的沟通和激励机制的完善，促进政策规定或政策执行向期望结果转化，使政策产出（包括对公民提供服务）能够与决策者的意图相一致；时间维度是指，公共政策的前瞻性或根据环境变化进行政策调整并做出合理的制度安排，使当今政策在可预见的未来具有持续效力。[④]

本研究所指的政策协同，既包括跨越部门内外多元主体、涵盖不同应用层次、跨越不同层的协同，也包括纵向维度、横向维度和时间维度的协同。

① 蒋敏娟：《中国政府跨部门协同机制研究》，北京大学出版社，2016，第 112 页。

② 蒋敏娟：《中国政府跨部门协同机制研究》，北京大学出版社，2016，第 20 页。

③ Perri 6，"Joined - Up Government in the Western World in Comparative Perspective：A Preliminary Literature Review and Exploration"，*Journal of Public Administration Research and Theory*：*J-PART*，14（2004），pp. 103-138.

④ OECD，*Government Coherence*：*The Role of the Centre of Government*（OECD Public Management Service/Public Management Committee，2000）.

三　政策协同的功能

随着科学技术的发展、社会形态的变迁以及全球化进程的加深，政府在社会治理和公共服务过程中面对的问题愈发复杂，领域跨界性和边界模糊性日益突出。传统的政策模式在面对这些问题时往往难以奏效，而政策之间的相互协同能够充分发挥政策的组合优势，从而减少政策冲突、降低政策成本、提升政策效能。

（一）减少政策冲突

1883 年，亨利·西季威克（Henry Sidgwick）在《政治经济学原理》中提出外部性的存在问题。[①] 根据外部性理论，外部性是指一种经济活动给当事人以外的其他人带来某种影响。外部性问题不仅出现在经济活动领域，在人类的其他活动领域也大量存在。政府等政策主体在公共管理和社会服务过程中需要面对和解决的问题往往涉及较多领域，而且存在较强的复杂性和关联性；相关决策和管理的权力却分散在不同层级的不同部门中，各政府部门的政策之间势必会存在外部性问题，导致政策之间相互影响，甚至出现相互矛盾和冲突的情况，难以形成政策合力来共同解决问题。在经济领域，解决外部性问题的方法主要是把外部性内部化，即通过税收与补贴、行政方法、自愿协商等手段来消除和减少外部性带来的后果。在（公共）政策领域，政策协同能够通过构建协同框架这种内部化的方式，减少或避免不同政策之间的负外部性影响。因为协同是实现共享、开放的前提，如互联网基础设施是开放政府数据发展的基础保障，如果没有适应快捷传输和协同合作的组织机构与业务流程，数据资源也难以突破传统职能和层级所分割的权力壁垒以实现交叉流动。只有通过数据资源的协同整合才能实现资源配置优化，形成随需而动的业务流程和跨部门协作的工作环境。开放政府数据政策促进了组织、流程、数据、系统、网络等要素紧密关联，共同构成开放政

① 许云霄：《公共选择理论》，北京大学出版社，2006，第 66 页。

府数据体系的整体框架，使垂直部门与地方政府之间、各行政层级政府之间、各地方政府之间、政府各部门之间、各行政业务之间的关系不再是一种分割、孤立的关系，而是形成一个相互协作的有机整体。[①]

（二）降低政策成本

交易成本起源于新制度经济学。1937 年，罗纳德·科斯（Ronald Coase）在《企业的性质》中提出交易成本的观点。此后，道格拉斯·诺斯（Douglass North）、肯尼斯·阿罗（Kenneth Arrow）、奥利弗·威廉姆森（Oliver Williamson）等学者进行了深入研究。新制度经济学是以交易成本为媒介，研究为什么要生产制度、如何生产制度以及为谁生产制度的一门学科（经济学）。[②] 根据交易成本理论，其是指在寻找贸易伙伴、谈判贸易条件、签订合同和完成这项交易所必需的产权方面所使用的投入的价值。交易成本广泛地存在于人类社会各个领域，一般包括达成协议和完成交易所需的时间、精力和物质消耗等。制度（包含政策）的一项重要功能就是降低交易成本。一项具体政策在其政策过程中，往往存在大量的成本：其一是交易成本，在政策的制定、执行、评估等阶段各主体之间进行谈判、沟通和讨价还价的成本；其二是机会成本，如果不同政策之间出现不协调或相互冲突以及同一政策在制定、执行、评估过程中各主体、客体、工具不协调或相互冲突的情况，致使政策目标没有能够达成，那么将导致政策资源被浪费，贻误解决问题的机会。政策协同能够保证各个政策在目标和原则上的一致性，将碎片化的政策整合为政策组合，在政策过程中最大限度地降低行为主体背后的交易成本和机会成本，赋予协同行为之外的宏观制度环境以自变量含义，从制度角度考察政策协同行为。在大数据环境下，由于信息的分布结构和传输方式的开放性，权力系统随之成为一个开放的体系。权力流向从以命令和服从为主的纵向向以透明和制约为主的横向转变，扁平化的横

① 马颜昕等：《数字政府：变革与法治》，中国人民大学出版社，2021，第 120 页。

② 袁庆明：《新制度经济学》，中国发展出版社，2006，第 16 页。

向权力结构取而代之金字塔式的纵向权力结构，大量减少权力中间传递层次，即传统政府的承担大量上传下达工作的中层，使权力流转更为直接、透明。数据资源的分布和传输的开放性以及数据资源交互的综合交错性，都在促使政府组织结构向着扁平化的方向发展，通过减少行政管理层次、压缩职能机构、裁减人员而建立起一套紧凑、富有弹性的新型管理模式，实现提高政府运作效率效能、降低政府运作成本的目的。[①]

（三）提升政策效能

1973 年，史蒂芬·罗斯（Stephen Ross）在《代理的经济理论：委托人问题》中提出委托—代理理论，主要研究委托人如何设计一种激励结构来促使代理人为委托人的利益行动。[②] 此后，这一理论逐渐扩展至政治、公共政策等领域。根据委托—代理理论，政府行使职能是一种经济活动（如制定公共政策），因此公共政策也要遵循效率性原则，应进行成本—收益分析实现成本最小与收益最大的效果，这里不仅是指经济意义上的而且是指社会意义上的。政策效能主要体现的是如何以较好、较快、较少的投入实现政策目标，即在最小的政策成本下达到最佳的政策目标，降低或避免政策资源的分散和消耗。提升政策效能主要有两种方式：一是从整体上科学合理配置政策资源从而提升政策产出；二是从个体上保证各单个政策之间目标一致和利益协调降低政策成本。政策协同既能够构建目标和利益的协调机制，又能够降低冲突的情况，从而提升政策效能。政策效能的提升离不开系统的互联互通、数据的共享开放和业务的协同推进，从而需要改变传统的政府组织结构，遵循“整体、集约、共享、开放”的原则，整体推进政府组织结构的重组和优化，解决传统条块分割管理模式所带来的“信息孤岛”和“数据烟囱”问题，降低部门之间的协调成本，提高行政效能，为社会大众提供高效、智能和便捷的公共服务。[③]

---

① 马颜昕等：《数字政府：变革与法治》，中国人民大学出版社，2021，第 127 页。

② 高晓霞：《国家治理体系中的审计监督研究》，南京师范大学博士学位论文，2020。

③ 马颜昕等：《数字政府：变革与法治》，中国人民大学出版社，2021，第 129 页。

四 政策协同在开放政府数据领域的适用性、可行性和合理性

开放政府数据是一项涉及诸多方面的系统性工程，需要对数据的生成、存储、开放、共享、利用、推广等过程进行全生命周期管理，涵盖数据的开放共享、开发利用、数据安全、隐私保护等方面内容，需要对制度规章、组织设置、人才队伍、业务管理、技术手段、基础设施等众多方面实现有机整合和协同建设。

开放政府数据政策是一个复杂的开放政策体系，一方面，开放政府数据政策体系与外界既进行能量交换又进行物质交换（包括信息和数据的交换）；另一方面，政治改革、科技发展、产业升级、文化交流等外部因素，都对开放政府数据政策的制定和实施产生重要的影响。

（一）适用性

根据协同学的原理，政策体系内部子系统之间存在协同作用，政策体系呈现有序状态；如果各子系统之间相互掣肘、离散、冲突或摩擦，就会造成政策体系的内耗增加，陷入混乱无序的状态，难以发挥应有的功能。开放政府数据的相关法律法规政策包含政府数据的构建、处理、发布、获取、开发、利用、反馈等诸多环节，内容涵盖开放利用、安全隐私、标准规范等多种类型，实施操作涉及多个层级和不同类型的政府部门、非政府部门、企业、公众等多个行为主体。在政府开放数据政策体系运行过程中，各类政策之间容易产生一定的“摩擦”和“阻力”（即交易成本），如果各类政策的制定与执行主体相互配合、各政策要素达到相互协调的状态，政策体系将达到更为“润滑”（即协同）的状态，政策体系的运行效率也将随之提升，从而能够更好地发挥政策功能。政策协同理论可以为开放政府数据政策体系找出影响效果的控制因素，优化子系统内部要素之间、不同子系统之间以及系统与外部环境之间的相互影响和作用，进而发挥开放政府数据政策体系的协同作用，提升整个开放政府数据政策体系的效能。

（二）可行性

根据系统论的原理，政策体系是一个有机整体，其内部要素之间的相互关系，对系统目标的实现具有重要影响。在政策体系运行的过程中，当政策之间互不协调、相互矛盾和冲突时，会出现大量交易成本：一是政策协调成本，即各政策制定和执行主体之间就政策之间的协调问题进行沟通、谈判和讨价还价的成本；二是再决策、再执行成本，即当不同层级、部门、领域的政策之间不相协调时，相应的政策重新制定、执行、反馈、修改所重复消耗的政策（制定、执行等）资源；三是机会成本，即由于各部门各领域政策不协调而贻误解决问题的机会以及由此导致的政策目标群体为此付出的代价。由于开放政府数据政策内涵与外延非常丰富，随着政策的数量不断增多、覆盖范围不断扩大、行为主体不断增多、相互影响不断加深，这些政策构成了一个具有共同目标、多元主体、众多手段、跨越层面、复杂交互等特点的政策体系，政策体系的复杂性明显增加。开放政府数据政策体系功能的多元化和结构的层次性，使其呈现非线性的网络模型形式，而非线性的直线模型形式。政策子系统之间相互配合和支持而不是互相排斥、政策工具相互作用而不是各自孤立，对政策体系的目标和效率的实现具有重要影响。政策协同理论可以为开放政府数据不同类别政策之间的冲突和矛盾提出理论支撑、思想指引和解决思路，从整体结构的层面分析开放政府数据政策过程，加深对开放政府数据政策过程的认知，确保开放政府数据的各个具体政策在基本方案和准则上的一致性，从而降低协调成本、再制定再执行成本和机会成本，完善和优化政府开放数据政策体系。

（三）合理性

制度经济学理论和国内外实践表明，某一领域的制度和政策对该领域发展具有显著的推动作用。世界各国对政府数据开放、共享、开发、利用的支持力度不断加大，纷纷制定、出台一系列相关法律法规政策。在我国，党中央、国务院将开放政府数据作为“大数据国家战略”的重要组成部分，各部委、省（自治区、直辖市）政府相继出台一系列政策（如法规、规划、文件等）加以支撑和保障，对实践的发展起到推动作用。目前，我国政府数据开放的直接法律依据是《政府信息公开条例》，但在政府数据的开放、共享和利用行为实施过程中，《政府信息公开条例》与《保密法》《档案法》《版权法》等法律法规存在主导思想不明确、概念界定不清晰、具体规定不协调等问题，造成政府部门开放数据具有较大不确定性，政府部门基于安全以及自身利益的考虑缺乏开放意愿和动力；加之《政府信息公开条例》的立法等级不高，保障力度不足，影响和制约了政府数据的开放和共享的效果。为减少开放政府数据相关政策之间不协调和冲突的情况、解决政策碎片化问题、提升政策实践的效能，需要明晰开放政府数据政策演变的逻辑和路径，加强对开放政府数据政策之间的协同，从而加大开放政府数据的政策力度、优化政策措施、提升政策目标。“许多创新没有实现其预期的最佳效益的一个重要原因，是没有采用系统的方法，忽略了系统中各要素间的相互关系。”[①] 政策协同理论可以对已有的开放政府数据政策体系的效力、措施和目标进行分析，揭示政策背后的利益博弈，指导开放政府数据政策的制定、执行和评估，从而构建适合我国国情的开放政府数据政策体系。

第三节 开放政府数据政策协同

“开放政府数据政策协同”的概念是在大数据时代伴随着“开放数据”“政府数据”等概念出现、深化和发展的，有其特征和意义。

一 “开放政府数据政策协同”的概念

从政策协同视角解析开放政府数据政策，开放政府数据政策协同的

① Tidd J., Bessant J., Pavitt K., *Managing Innovation: Integrating Technological Marketand Organizational Change* (New York: John Wiley&Sons, 1997), p. 49.

本质是对由所有广义上的开放政府数据政策构成的体系内部要素之间、子系统之间以及与外部环境之间的相互影响、相互作用、相互协同。开放政府数据政策协同是通过分析开放政府数据政策体系中的子系统内部要素之间、子系统之间以及系统与外部环境之间的协同效应，进行政策要素的选择、调整子系统之间的作用、协调与外部环境之间的关系，依据政策体系所要达到的目标，确定政策理念选择、平衡政策主体利益、明确政策客体诉求、合理政策工具搭配，构建适合本国国情的开放政府数据政策体系。①

二 开放政府数据政策协同的特征

（一）整体性

根据系统论的思想，系统由若干不可或缺的部分组成；整体功能具有非加和性，整体对部分具有制约性。系统的整体性，要求着眼全局，处理好全局和局部的关系，制定科学的路线，解决好“走什么路”的问题。开放政府数据政策协同的整体性可以从横向、纵向、内外等三个维度来理解。上下级政府部门之间的纵向协同，主要是指在同一系统内的不同层级政府部门在政策的制定、执行、评估过程中，通过沟通、配合、协调等方式，更好地实现全系统的整体目标。例如，在大数据产业发展中的纵向政策协同，要求各级政府部门以高质量发展战略部署、大数据战略以及数据产业和数字经济发展规划为指引，根据自身实际情况制定和配置相应的基础设施、人力资源、财政配套等方面政策措施，辅之有效运行的政策激励机制，以确保国家战略的实施效率和效能。同级政府部门之间的横向协同，主要是指同一层级政府管理主体为落实上级的同一目标，通过采用不同的政策工具，实现部门之间的协同和配合。政府和市场之间的内外协同，主要是指以政府为代表的公共权力行使部门，通过政策工具的实施，保障市场经济的良性运行，实现市场的自发

① 洪伟达、马海群：《我国开放政府数据政策协同机理研究》，《情报科学》2020 年第 5 期。

协同，最终推动经济社会快速发展。在国家创新驱动发展战略，实施大数据创新行动计划，鼓励企业和公众等主体对政府数据资源进行公益性、增值性的开发和创新应用的大背景下，我国开放政府数据政策应以充分释放数据红利、激发创新创业活力以及促进价值链、创新链和产业链深度融合为整体发展目标，加强部门间的组织协调、职能融合、分工协作，提高开放政府数据政策与数据产业战略的协同度，构建数据产业链、大数据创新链、开放政府数据价值链的良性循环，实现“三链联动”的系统性效应。

（二）动态性

根据系统论的思想，系统各要素之间、系统与子系统以及系统与环境之间相互影响、相互作用、相互制约、相互适应，推动系统在时间维度不断演进，呈现动态性的特征。系统的动态性，要求着眼长远，处理好历史、现实和未来的矛盾关系，提高预见性，明确“往何处去”的问题。政策是在某一领域综合影响的结果，其制定与实施不仅受政治、经济、社会、文化等外部环境的影响和制约，而且会随着时间的推移与空间的变迁发生改变。政策的制定、修改或废除，记录了政策主体面对内外部压力时所做出的反应，其演变反映了所在领域社会结构和组织的变迁过程。从政策作用的时间和程度上来看，开放政府数据政策属于短期的积极引导型政策，属于对公共政策环境和现实政策需求所做出的策略性反应。开放政府数据政策在制定、执行和修改的过程中，应具备一定的动态性和弹性，要随着政策环境的变动适时做出调整，以实现政府数据的开放、开发、增值、利用以及应对潜在的数据风险与未来的实践挑战。政府数据开放的程度过高或过低，都会降低政府数据的开发利用价值或者带来数据安全和隐私保护等风险隐患。开放政府数据政策协同必须与国家政治、经济、文化、社会和产业的发展水平相匹配和适应，以此促进产业健康发展、激励社会创新进步。例如，国务院 2015 年出台的《促进大数据发展行动纲要》中提出“建立国家大数据发展和应用统筹协调机制，加快制定出台配套政策，加大大数据与物联网、智慧城市、云计算等相关政策、规划的协同”，为政府数据的开放共享、开发利用提供了政策层面的保障和支撑，是对开放政府数据政策动态协同问题的积极应对。[①]

（三）耦合性

根据系统论的思想，系统诸要素在适应环境变化中聚焦调整、协调合作，为系统有序演进提供内驱力，使系统呈现开放性或有机性。系统的耦合，要求协调好各领域、各方面、各阶段的矛盾关系，抓住重点带动一般，解决好“如何成事”的问题。随着社会问题复杂性和政府管理碎片化程度的不断加深以及科技现代化和服务网络化的迅猛发展，政府部门之间跨部门工作的协同合作已经越来越依赖服务平台和数据管理的建设和发展。跨越政府部门、行政界线和私人领域的协同合作，不仅有赖于更好的信息和数据共享，更需要一种具有耦合性的方案和机制，根据不同部门的业务需求收集、共享、开放和利用信息和数据。这就要求各政府部门采用和实施共同的数据政策、数据标准和数据协议，以保证可能实施的通用框架、政策和标准足够灵活，从而可以回应各政府部门不同的业务需要。例如，统一的标准化技术将数据进行标准化转化，使之能够跨系统、跨平台进行交互，实时驱动包括数据生产者、数据管理者和数据使用者在内的整个数据系统的资源、能力的协同整合，进而有效满足数据定制需求。从信息政策视角来看，开放政府数据的目标之一就是通过扩展信息和数据的获取方式，吸引新的角色、利益和影响进入政府决策制定中，达到改善治理的目的。因此，开放政府数据政策主体应正确认识政策外部环境以及政策客体不断演变的政策诉求，通过科学合理地创新政策理念、确立政策目标、运用政策工具、评估政策绩效等手段，以实现子系统内部要素之间、子系统与子系统之间以及系统与外部环境之间政策协同效应的不断耦合。

① 洪伟达、马海群：《我国开放政府数据政策协同机理研究》，《情报科学》2020年第5期。

三 开放政府数据政策协同的意义

通过加强开放政府数据政策协同，能够有效促进政府数据的开放共享和开发利用，提升政府数据治理体系效能，增强数据产业创新驱动发展动力，构建以政府数据为基础的数据产业，契合数据产业创新形态和市场结构差异性的诉求，配置跨界政策资源的统筹，形成 1+1>2 的政策合力效应。

一是促进政府数据的开放共享和开发利用。在各个部门设计规划、制定决策、提供服务的过程中，加强这些部门之间的合作，从而利用政府数据创造更大的公共价值。不同的政府部门和服务项目的数据可以作为衡量服务质量的基准，从而评估公共部门的绩效表现。

二是提升政府数据治理体系效能。推动政府数据在纵向各层级和横向各部门之间的共享，有助于政策的一体化建设与部门之间的协调运作，有利于增强政府在面对复杂多维度的社会治理挑战时的应对性和回应性。

三是增强数据产业创新驱动发展动力。通过政府数据的开放共享，促进数据企业和公众进行再利用、再开发，从而产生新服务、激励创新性、提供经济动力。例如，2016 年由工业和信息化部、国家发改委等部门联合发布的《信息产业发展指南》，提出增强体系化创新能力、构建协同优化的产业结构、促进信息技术深度融合应用、建设新一代信息基础设施、提升信息通信和无线电行业管理水平、强化信息产业安全保障能力、增强国际化发展能力等七大任务，加快了数据产业发展、促进了数字经济增长、增强了社会创新进步、提升了政府治理效能的协同效应。2020 年 4 月，中共中央、国务院发布《关于构建更加完善的要素市场化配置体制机制的意见》，提出“加快培育数据要素市场”的改革方向和“推进政府数据开放共享”“提升社会数据资源价值”“加强数据资源整合和安全保护”的具体举措，首次将“数据”与土地、劳动力、资本、技术并列为生产要素，对于探索建立统一的数据标准规范、支持构建多领域数据开发利用场景、全面提升数据要素价值具有重大现实意义。

第四节　开放政府数据政策协同的理论基础

第一，开放政府数据政策涉及诸多要素以及由要素组成的子系统，同时外部环境也对开放政府数据政策效果产生重要影响，因此需要利用系统论的思想对开放政府数据政策协同的运行机理进行解析。第二，加强我国开放政府数据政策协同的对策应该是多层次、多维度的，因此可以运用协同学的思想从开放政府数据政策内外不同角度提出对策建议。第三，分析实践中我国开放政府数据政策协同情况，需要运用政策科学的理论和分析方法作为研究的工具。

一　协同学

1965 年，伊戈尔·安索夫（Igor Ansoff）在研究战略管理时首次使用“政策协同”这个词，用以强调团队协作效果优于个体工作量的简单叠加之和。[①] 前联邦德国斯图加特大学物理学教授赫尔曼·哈肯（Hermann Haken）经过对化学震荡、生态学、星体演化等过程分析的一系列研究后发现，上述过程内部大量的子系统都表现出竞争、协同的特性；他指出：“我把这个学科称为‘协同学’，一方面是由于我们所研究的对象是许多子系统联合作用以产生宏观尺度上的结构和功能；另一方面，这里又有许多不同的学科进行合作来发现支配自组织系统的一般原理。”[②]

1971 年，哈肯等在《协同学：一门协作的科学》中正式阐述了协

① 孙新波、李金柱：《数据治理：酷特智能管理演化新物种的实践》，机械工业出版社，2020，第 71 页。

② 赫尔曼·哈肯：《协同学引论：物理学、化学和生物学中的非平衡相变和自组织》，徐锡申等译，原子能出版社，1984，序言。

同和协同学（Synergetics）的概念和思想。哈肯在《高等协同学》中提出协同学的研究对象，即研究由完全不同性质的大量子系统（诸如电子、原子、分子、细胞、神经元、力学元、光子、器官、动物乃至人类）所构成的各种系统。[①] 目前，协同学和协同理论在生态学、生物学、物理学、化学等自然科学和经济学、社会学、心理学等社会科学诸多领域的研究中得到广泛运用。在哈肯的研究视角下，协同学主要包括三个方面的内容：协同效应（Synergistic Effect）、伺服（支配）原理（Servo Principle）和自组织原理（Self-organization Process）。

协同学在系统论、信息论、控制论和突变论等现代科学理论的基础上，吸收了结构耗散理论的大量营养，结合统计学和动力学方法，对不同领域进行分析研究后，提出了多维空间理论，利用一整套数学模型和处理方案描述了各种系统从无序到有序转变的共同规律。协同学认为，一个系统能否充分发挥效应，取决于该系统内部各子系统或组成部分的系统作用。在一定条件下，处于系统内部的具有相对独立、自治和自利能力的各子系统之间能够协同工作，实现系统的运行目标，推动系统由无序向有序发展。若系统内各部分协同得好，系统的整体性功能就好；反之亦然。

协同研究的是一种自主的、自发的通过子系统相互作用而产生的系统规则。复杂的行为和系统模式实际上是通过底层（或低层次）的子系统相互作用产生的。对于开放政府数据政策的研究，不能只局限于要素的低层次相互作用，还必须在探讨要素之间相互作用和运动演化过程中，分析上一层次的联结模式。因此，本研究基于协同学理论，在把握开放政府数据政策的整体结构以及各个结构之间相互联系方式的基础上，分析各个组成部分的特点和行为。

二　系统论

系统论（Systems Theory）是研究系统的结构、特点、行为、动态、

① 赫尔曼·哈肯：《高等协同学》，郭治安译，科学出版社，1989，第 2 页。

原则、规律以及系统之间的联系，并对其功能进行数学描述的新兴学科；其核心思想是把研究和处理的对象看作一个整体系统；主要任务就是以系统为对象，从整体出发研究系统整体和组成系统整体各要素的相互关系，从本质上说明其结构、功能、行为和动态，以把握系统整体，达到最优的目标。①

20 世纪 20 年代初，现代系统论的基本思想首先由美籍奥地利生物学家路德维希·贝塔朗菲（Ludwig Bertalanffy）提出："任何系统都是一个有机的整体，它不是各个部分的机械组合或简单相加，系统的整体功能是各要素在孤立状态下所没有的性质。"② 1945 年，贝塔朗菲发表《关于普通系统论》，系统论从经典系统论发展到现代系统论。戴维·伊斯顿（David Easton）的《政治生活的系统分析》和肯尼思·华尔兹（Kenneth Waltz）的《国际政治理论》阐述了系统论和还原论的区别，把政治生活作为整体的系统分析，或把国际社会整体结构作为对象分析，让系统论在社会科学分析中得到阐释和有效应用。系统论在演进的过程中，受到了信息论、控制论和建构主义等理论的影响形成了现代系统论，逐步重视部分之间关系建构对整体的影响，对于系统要素和运行机制分析更为科学和有效。③

开放政府数据政策是一个包含政策理念、政策目标、政策主体、政策客体、政策工具诸多要素的生态系统，需要统筹考虑系统中要素、子系统以及外部环境等因素。本研究运用系统论的思想，分析开放政府数据体系内部各要素、子系统以及外部环境之间的关系，找出影响开放政府数据政策协同运行的影响因素，进而为进一步优化开放政府数据政策提供理论基础。

---

① 叶立国：《系统科学理论体系的重建及其哲学思考》，南京大学博士学位论文，2010。

② 彭珊、唐少奕：《系统论视域下地方政府实现数据开放共享的逻辑路径——以贵州省为例》，《贵州社会科学》2020 年第 10 期。

③ 李齐、曹胜、吴文怡：《中国治理数字化转型的系统论阐释：样态和路径》，《中国行政管理》2020 年第 10 期。

三 政策科学

政策科学以社会政治生活中的政策领域，即现实的政策实践、政策体系和政策过程为研究对象，其基本目标是端正人类社会发展方向，改善公共决策系统，提高公共政策制定质量。一般认为，政策科学的概念是美国政治科学家哈罗德·拉斯韦尔（Harold Lasswell）首先提出的，正式提出是在其与亚伯拉罕·卡普兰（Abraham Kaplan）1950 年合著的《权力和社会：政治研究框架》一书中。[①] 1951 年，哈罗德·拉斯韦尔和丹尼尔·勒纳（Daniel Lerner）在合编的《政策科学：范围与方法的近期进展》中对政策科学的对象、性质和研究任务等作了具体规定，标志着政策科学的产生。20 世纪 60 年代中期以后，由于各种复杂的社会问题不断出现，系统分析方法的局限性逐渐暴露，政策科学在美国、西方和世界许多国家和地区被普遍接受并得到蓬勃发展，开始受到重视。60 年代末到 70 年代初，美国兰德公司的叶海卡·德洛尔（Yehezkel Dror）主编了一套被称为“政策科学三部曲”的丛书，即《重新审查公共政策的制订过程》《政策科学探索》《关于政策科学的设想》。美国社会学家斯图尔特·尼格尔（Stuart Nagel）1980 年主编的《政策研究手册》和 1983 年主编的《政策科学百科全书》的出版，标志着政策科学这一学科已渐趋成熟。政策科学的基本理论主要涉及控制论、运筹学、系统分析、对策论、决策分析、行为科学、社会心理学、组织理论、权威理论、群体理论、结构功能理论、渐进理论和有限理性论等。2012 年，美国亚利桑那州立大学提出政策信息学研究方向，通过利用公共政策相关海量信息，利用计算和通信技术更好地理解与解决复杂的公共政策和管理问题，从而开辟以治理流程和制度创新为目标的跨若干学科研究组成的新领域。[②] 政策信息研究方向通过融合计算科学

---

① 陈振明：《政策科学：公共政策分析导论（第二版）》，中国人民大学出版社，2003，第 14 页。

② Erik W. J., Kevin C. D., *Governance in the Information Era: Theory and Practice of Policy Informatics* (Taylor&Francis Ltd, 2015), pp. 1-2.

和公共政策，以推进政策决策流程创新、组织制度变革、探索有效治理的新形式，从而促进社会发展、提升公共价值。①

本研究的主要目的之一，在于优化我国开放政府数据政策体系，因此在研究中必须以政策科学理论为基础，运用政策信息研究的工具和方法，通过构建协同模型和运用分析技术，对开放政府数据政策文本进行深度挖掘，从而对开放政府数据政策这一复杂政策问题进行更广泛的研究和分析。目前，我国开放政府数据正处于逐步完善阶段，政策法规的制定和完善仍是今后一段时间的重点工作。

① 张楠、马宝君、孟庆国：《信息政治学：大数据驱动的公共政策分析》，清华大学出版社，2019，第 30 页。

第三章　国内外开放政府数据政策对比和分析

自2015年《促进大数据行动发展纲要》颁布以来，我国在开放政府数据的政策实践方面取得了举世瞩目的成绩，但是我国的开放政府数据政策体系的构建还存在一定问题。国外部分发达国家在相关政策制定、政策协同方面起步较早，积累了一定的经验，这些经验对我国加强开放政府数据政策协同具有重要的学习与借鉴作用。

第一节　我国开放政府数据政策的建设与发展

本研究通过对我国开放政府数据政策文本进行梳理和总结，全面展现开放政府数据政策的发展现状。

一　我国开放政府数据政策的发展

依据我国开放政府数据政策的出台情况，开放政府数据政策实践的发展可大致划分为三个阶段。

（一）准备期（2015年之前）

在这一阶段，电子政务、大数据和政府数据等概念开始出现在相关法规和政策中，为后续开放政府数据政策的出台打下基础，但开放政府数据政策的顶层设计、组织架构、体制机制尚未构建。在地方层面，开放政府数据政策和实践探索主要集中于广东、上海、贵州、浙江等地区，政策类型主要是短期的计划和意见，中长期目标和总体规划相对缺乏；政策内容集中于政府信息公开、信息化建设、大数据、“互联网+”等方面，与开放政府数据高度相关的政策关键词出现频率较低，涉及的政策内容较少。

21 世纪初，科学技术部、国家海洋局、劳动和社会保障部、教育部、交通运输部、国家税务总局等部门相继出台本部门、本系统、本领域信息和数据开放、共享、管理的政策文件。2014 年 3 月，李克强总理在全国两会政府工作报告中首次提到“大数据”，大数据技术逐渐在各级政府部门推广和应用，一些相关政策法规中也出现了涉及“政府数据开放共享”等方面的内容，如表 3-1 所示。

表 3-1　2015 年以前我国开放政府数据的主要政策

序号	政策名称	发布机构	时间	相关内容或意义
1	《行政法规、规章和我国重要地理信息数据发布办法》	国家测绘局	1994 年	我国最早提及政府数据开放共享的政策
2	《政府信息公开条例》	国务院	2007 年	为政府数据的开放提供了法理基础
3	《关于促进电子政务协调发展的指导意见》(国办发〔2014〕66 号)	国务院办公厅	2014 年	研究建设国家公共信息资源开放平台，有序推进政府数据开放和社会利用

（二）发展期（2015~2016年）

在这一阶段，党中央、国务院以及各部委、各级地方政府相继出台相关政策，开放政府数据政策体系得到快速发展，初步构建了开放政府数据政策框架，政策之间的纵向协同开始逐步得到加强。在国家层面，党中央、国务院出台的系列与政府数据相关的政策文件，为我国大数据的发展以及政府数据开放共享提供了国家层面的顶层设计和战略支撑。为积极响应党中央和国务院关于大数据的行动计划和具体政策要求，省级、市级党委和政府出台的政策中，较多地按照时间序列明确提出阶段性目标和政务工作指标，为地方开放政府数据相关工作整体推进提供了明确具体的参考基准。政策主体从东南沿海经济发达地区和中部省会城市逐渐向西部和北部扩展和延伸，如表 3-2 所示。

表 3-2 2015~2016 年我国开放政府数据的主要政策

序号	政策名称	发布机构	时间	相关内容或意义
1	《关于印发 2015 年政府信息公开工作要点的通知》（国办发〔2015〕22 号）	国务院办公厅	2015 年 4 月	要积极稳妥推进政府数据公开,鼓励和推动企业、第三方机构、个人等对公共数据进行深入分析和应用
2	《关于积极推进“互联网+”行动的指导意见》（国发〔2015〕40 号）	国务院	2015 年 7 月	加快互联网与政府公共服务体系的深度融合,推动公共数据资源开放
3	《关于印发促进大数据发展行动纲要的通知》（国发〔2015〕50 号）	国务院	2015 年 8 月	大力推动政府信息系统和公共数据互联开放共享,加快政府信息平台整合,消除信息孤岛,推进数据资源向社会开放,增强政府公信力,引导社会发展,服务公众企业;以企业为主体,营造宽松公平环境,加大大数据关键技术研发、产业发展和人才培养力度,着力推进数据汇集和发掘,深化大数据在各行业创新应用,促进大数据产业健康发展;完善法规制度和标准体系,科学规范利用大数据,切实保障数据安全
4	《国民经济和社会发展第十三个五年规划纲要》	中共中央	2015 年 10 月	第二十七章“实施国家大数据战略”提出,“把大数据作为基础性战略资源,全面实施促进大数据发展行动,加快推动数据资源共享开放和开发应用”
5	《国家信息化发展战略纲要》	中共中央办公厅、国务院办公厅	2016 年 7 月	建立公共信息资源开放目录,构建统一规范、互联互通、安全可控的国家数据开放体系,积极稳妥推进公共信息资源开放共享

续表

序号	政策名称	发布机构	时间	相关内容或意义
6	《关于印发政务信息资源共享管理暂行办法的通知》(国发〔2016〕51号)	国务院	2016年9月	要加快推动政务信息系统互联和公共数据共享,充分发挥政务信息资源共享在深化改革、转变职能、创新管理中的重要作用,增强政府公信力,提高行政效率,提升服务水平
7	《关于加快推进"互联网+政务服务"工作的指导意见》(国发〔2016〕55号)	国务院	2016年9月	整合构建统一的数据共享交换平台体系,打通数据壁垒,实现各部门、各层级数据信息互联互通、充分共享
8	《"十三五"国家信息化规划》	国务院	2016年12月	重点是打破政府各部门之间的信息壁垒和"孤岛",加快推进公共数据资源向社会开放

此外，2015年4月国务院印发的《关于进一步做好新形势下就业创业工作的意见》（国发〔2015〕23号）、2015年6月国务院办公厅印发的《关于加快推进“三证合一”登记制度改革的意见》（国办发〔2015〕50号）和《关于加快推进“五证合一、一照一码”登记制度改革的通知》（国办发〔2016〕53号）、2015年7月国务院办公厅印发的《关于运用大数据加强对市场主体服务和监管的若干意见》（国办发〔2015〕51号）、2016年6月国务院办公厅印发的《关于促进和规范健康医疗大数据应用发展的指导意见》（国办发〔2016〕47号）等，均对提升政府大数据技术运用能力、加大政府数据开放共享力度、具体领域数据开放共享应用以及数据相关产业创新发展等问题做出规定。

在部委层面，各部委贯彻落实党中央、国务院的政策，相继印发关于信息化建设、大数据产业发展、政府数据开放共享等方面的政策。例如，2016年4月，国家粮食局印发《关于规范粮食行业信息化建设的意见》（国粮财〔2016〕74号）；2016年11月，人力资源和社会保障部印发《“互联网+人社”2020行动计划》（人社部发〔2016〕105号）；2016年12月，工业和信息化部印发《大数据产业发展规划（2016~2020年）》（工信部规〔2016〕412号）等。

在省级层面，2016年1月，贵州省发布《贵州省大数据发展应用促进条例》，是我国第一部关于公共数据共享开放的地方法规。其他省、直辖市、自治区也陆续出台政府数据和公共数据相关的法规政策。

（三）扩散期（2017年之后）

在这一阶段，政府数据开放共享和开发利用被提升到国家战略的高度，国家层面政策体系基本形成并继续完善，系列政策法规相继出台，如表3-3所示。

表3-3　2017年之后我国开放政府数据的主要政策

序号	政策名称	发布机构	时间	相关内容或意义
1	《关于推进公共信息资源开放的若干意见》	中央全面深化改革领导小组	2017年2月	推进公共信息资源开放，要加强规划布局，进一步强化信息资源深度整合，进一步促进信息惠民，进一步发挥数据大国、大市场优势，促进信息资源规模化创新应用，着力推进重点领域公共信息资源开放，释放经济价值和社会效应
2	《政务信息系统整合共享实施方案》（国办发〔2017〕39号）	国务院办公厅	2017年5月	要向社会开放政府部门和公共企事业单位的原始性、可机读取、可供社会化再利用的数据集
3	《关于加快推进“多证合一”改革的指导意见》（国办发〔2017〕41号）	国务院办公厅	2017年5月	坚持互联互通与数据共享相结合，大力推进信息共享，能向社会公开的尽量公开，打通信息孤岛；各地区要依托已有设施资源和政府统一数据共享交换平台，进一步完善省级信用信息共享平台、国家企业信用信息公示系统、部门间的数据接口，在更大范围、更深层次实现部门间企业基础信息和相关信用信息共享、业务协同

续表

序号	政策名称	发布机构	时间	相关内容或意义
4	《公共信息资源开放试点工作方案》	中央网信办、国家发改委、工信部	2018年1月	试点地区研究制定公共信息资源开放技术规范，明确开放数据的完整性、机器可读性、格式通用性等要求
5	《进一步深化“互联网+政务服务”推进政务服务“一网、一门、一次”改革实施方案》（国办发〔2018〕45号）	国务院办公厅	2018年6月	进一步推进“互联网+政务服务”，加快构建全国一体化网上政务服务体系，推进跨层级、跨地域、跨系统、跨部门、跨业务的协同管理和服务
6	《关于在全国推开“证照分离”改革的通知》（国发〔2018〕35号）	国务院	2018年10月	各地区、各部门要依托已有设施资源和政府统一数据共享交换平台，进一步完善全国和省级信用信息共享平台、国家企业信用信息公示系统，在更大范围、更深层次实现市场主体基础信息、相关信用信息、违法违规信息归集共享和业务协同
7	《数字乡村发展战略纲要》	中共中央办公厅、国务院办公厅	2019年5月	要将数字乡村作为数字中国建设的重要方面，加快信息化发展，整体带动和提升农业农村现代化发展，进一步解放和发展数字化生产力，注重构建以知识更新、技术创新、数据驱动于一体的乡村经济发展政策体系，注重建立层级更高、结构更优、可持续性更好的乡村现代化经济体系，注重建立灵敏高效的现代乡村社会治理体系，开启城乡融合发展和现代化建设新局面
8	《关于构建更加完善的要素市场化配置体制机制的意见》	中共中央、国务院	2020年3月	将数据作为一种新型生产要素；加快培育数据要素市场；推进政府数据开放共享，优化经济治理基础数据库；提升社会数据资源价值；加强数据资源整合和安全保护

续表

序号	政策名称	发布机构	时间	相关内容或意义
9	《关于加快推进政务服务"跨省通办"的指导意见》(国办发〔2020〕35号)	国务院办公厅	2020年9月	依托全国一体化政务服务平台和各级政务服务机构,着力打通业务链条和数据共享堵点
10	《个人信息保护法》	全国人大	2021年8月20日通过,11月1日实施	健全了个人信息处理规则,完善了个人信息跨境提供规则,明确了履行个人信息保护职责的部门以及个人信息处理活动中个人的权利和处理者义务
11	《数据安全法》	全国人大常委会第二十九次会议	2021年9月1日	为规范数据处理活动,保障数据安全,促进数据开发利用,保护个人、组织的合法权益,维护国家主权、安全和发展利益提供了法律保障
12	《关于印发要素市场化配置综合改革试点总体方案的通知》(国办发〔2021〕51号)	国务院办公厅	2022年1月	完善公共数据开放共享机制、建立健全数据流通交易规则、拓展规范化数据开发利用场景、加强数据安全保护
13	《关于加强数字政府建设的指导意见》(国发〔2022〕14号)	国务院	2022年6月	构建开放共享的数据资源体系;加快推进全国一体化政务大数据体系建设,加强数据治理,依法依规促进数据高效共享和有序开发利用,充分释放数据要素价值,确保各类数据和个人信息安全
14	《关于印发全国一体化政务大数据体系建设指南的通知》(国办函〔2022〕102号)	国务院办公厅	2022年10月	整合构建标准统一、布局合理、管理协同、安全可靠的全国一体化政务大数据体系,加强数据汇聚融合、共享开放和开发利用,促进数据依法有序流动,充分发挥政务数据在提升政府履职能力、支撑数字政府建设以及推进国家治理体系和治理能力现代化中的重要作用
15	《关于构建数据基础制度更好发挥数据要素作用的意见》	中共中央、国务院	2022年12月	从数据产权、流通交易、收益分配、安全治理4个方面初步搭建我国数据基础制度体系

此外，各部委、省级政府、副省级城市政府、地级城市政府进一步贯彻落实国家层面的政策，出台本领域、本地区、本行业的政策和细则，推动开放政府数据国家政策进一步落地。这一阶段，政策之间的横向协同开始得到重视。

二 我国开放政府数据政策的现状

截至 2021 年 7 月 1 日，根据对各级政府部门官方网站和开放政府平台的调查和统计，中共中央办公厅和国务院办公厅印发的国家层面政府数据相关政策 46 份；中央网信办、工业和信息化部、国家发改委、科学技术部、教育部、民政部、人力资源和社会保障部、环境保护部、住房和城乡建设部、水利部、交通运输部、农业农村部、最高人民法院、公安部、司法部、银保监会、国家卫生健康委、国家医疗保障局、国家中医药管理局、粮食和储备局、国家知识产权局等部委局印发的政府数据相关政策 60 份；31 个省、自治区、直辖市印发政府数据相关政策 512 份。政策内容涉及政府数据和公共数据的规划、开放、共享、整合、开发、利用、设施、产业、标准、安全等方面。

三 我国开放政府数据政策的特征

（一）发展迅速

一是主体层级和数量增加。由于党中央和国务院在开放政府数据政策制定过程中发挥出引领作用，越来越多的部委、省级党委政府以及副省级城市和地级城市党委政府开始重视开放政府数据政策的制定，纷纷出台本部门、本领域、本系统、本地区的政策。党中央和国务院在开放政府数据政策制定侧重顶层设计，各级政府部门侧重贯彻执行。

二是政策内容和范围扩大。由于我国制定了网络强国和数字中国等重大战略部署，各级政府部门将开放政府数据政策放在重要位置，内容涵盖政府数据的开放、共享、开发、利用、安全等内容，并在开放政府数据政策制定过程中将其与本地区、本部门的政府转型、产业升级、社会治理、文化创新以及生态文明建设等方面紧密结合。

三是主体合作和协同加强。由于政府数据的开放共享和开发利用具有较强的跨界属性，各级政府部门在政策制定和执行过程中的合作和协同逐渐加强，数据开放共享机制构建成为政府数据政策的重点，政府数据资源的开放共享利用范围由各级政府部门系统内部，转变为跨地区、跨部门、跨层级的政企合作、政民合作的多主体、跨层级协同合作。

（二）种类丰富

一是在层级上，开放政府数据政策涵盖从国家级的元政策、省部级的基本政策、副省级城市和地级城市的具体政策等不同层级的政策，但政策的体系化和协同性仍有待加强。

二是在类型上，开放政府数据政策包含行政法规、行政措施、部门规章、地方性规章、地方性行政措施、决议和命令等类型，但倡导性、计划性的“方案、意见”相对较多，规范性的政策法规相对较少。

三是内容上，开放政府数据政策涉及政治改革、经济发展、科技创新、社会治理等众多领域，但涉及安全保护和个人隐私等内容的相对较少。

（三）差异明显

一是在数量上，东部地区的开放政府数据政策数量多于中部地区和西部地区。《中国政务数据治理发展报告（2020 年）》的调查显示，截至 2020 年 1 月，东部地区每省平均出台 5.55 份关于政务数据治理的政策文件，多于中部地区的 3.13 份和西部地区的 3.25 份。[①]

二是在创新上，东部地区开放政府数据政策的创新程度，高于中部地区和西部地区。目前，贵州、上海、广东、浙江、山东、江苏、北京等地在开放政府数据政策的范围、内容、创新等方面处于国内领先地位，除贵州以外，其他均位于东部地区。

三是在应用上，东部地区开放政府数据政策的应用深度，高于中部

① 《中国政务数据治理发展报告（2020 年）》，网易，2020 年 3 月 6 日，https://www.163.com/dy/article/F4KU9QE40518KCLG.html。

地区和西部地区。东部地区省市的开放政府数据政策已走向精细化，注重通过政策手段引导和推动政府数据资源的开放共享和开发利用，推动基于政府数据的政府智能化治理、产业创新化发展、社会精准化服务。

第二节　国外开放政府数据政策的发展状况

开放政府运动最早起源于西方国家，美国、欧盟、英国等国家和地区的开放政府数据政策已经形成相互配合、相辅相成、相对完善的政策体系。

一　部分国际组织的开放政府数据政策

（一）世界经济论坛的开放政府数据政策

2019 年 12 月，世界经济论坛（World Economic Forum，WEF）发布《全球数据流动治理探索白皮书》，旨在加深对全球数据跨境流动的理解，扩大各利益相关方的共识。2020 年 6 月，《数据跨境流动路线图：面向数字经济的准备与合作》白皮书（*A Roadmap for Cross Border Data Flows：Future-Proofing Readiness and Cooperation in the New Data Economy*），从默认情况下允许数据跨境流动、建立一定级别的数据保护机制、优先考虑网络安全、激励国家与国家之间的合作和连通性、技术互操作性以及数据来源等方面进行了分析。2020 年 6 月，《连接数字经济：跨境支付的政策建议》（*Connecting Digital Economies：Policy Recommendations for Cross-Border Payments*）报告指出，市场壁垒、标准差异、网络安全威胁以及跨境监管缺乏协调等都影响数字经济的增长。2020 年 6 月，《激励负责任和安全的创新：企业家和投资者的框架》（*Incentivizing Responsible and Secure Innovation：A Framework for Entrepreneurs and Investors*）报告，从网络安全文化、网络安全治理、网络弹性、设计阶段的安全性、设计阶段的隐私保护、数据治理和保护第三方安全等 7 个方面提出指引。2020 年 10 月，WEF 和斯坦福大学法学院发布《数据隐私的重建：重构人机交互中的“知情同意”》（*Redesigning Data Privacy：Reimagining Notice&Consent for*

Human-Technology Interaction）白皮书，从提供数据可视化工具等方面提出建议。2020 年 10 月，《网络信息共享：构建集体安全》（*Cyber Information Sharing: Building Collective Security*）报告，分析网络信息共享的重要性，提出需克服的障碍和建议。

（二）OECD 的开放政府数据政策

2015 年 6 月，《开放公共部门信息的政府措施评估》报告，总结了各成员国公共部门信息开放的进展和经验，具体包括：战略制定、开放范围、开放门户、开放格式、定价和许可实践、经济影响等方面。2019 年 12 月，《关于重要活动数字安全的建议》提出，相关政策的出台不应采取抑制创新或限制使用、更新、开放数字技术等措施。2020 年 5 月，通过首部关于人工智能的政府间政策指导方针，确保 AI 的系统设计符合公平、公正、安全和值得信赖的国际标准。2020 年 11 月，《OECD 数字经济展望 2020》报告，记录数字经济的演变、新出现的机遇和挑战，强调 OECD 利用信息和通信技术与互联网来实现其公共政策目标。2020 年 12 月，《数据本地化趋势和挑战——审查隐私准则的考量》报告，从研究层面提出数据本地化的定义，构建确保数据本地化不会阻碍跨境数据流动的路线图。

（三）东盟的开放政府数据政策

2021 年 1 月，东盟部长级会议批准由新加坡主持的数字数据治理工作组制定的《数据管理框架》（*ASEAN Data Management Framework*, DMF）和《跨境数据流动合同范本》（*ASEAN Model Contractual Clauses for Cross Border Data Flows*），促进数据相关的业务运营，减少谈判和降低合规成本，增强跨境数据传输过程中的个人数据保护。

二 美国的开放政府数据政策

（一）前期相关立法政策准备

长期以来，美国围绕信息公开、个人隐私保护、信息安全、电子政务等与开放政府数据相关内容颁布了一批法律法规和行政命令，为开放政府数据的政策出台与实践开展奠定法律基础，例如，1967 年的《信息自由法》（*Freedom of Information Act*）、1974 年的《隐私法》（*Privacy Act*）、1976 年的《阳光下的政府法》（*Government in the Sunshine Act*）、1980 年的《文书削减法》（*Paperwork Reduction Act*）、2002 年的《电子政务法》（*E-Government Act*）、2007 年的《开放政府法》（*Open Government Act of 2007*）等。

（二）开放政府数据法律政策

2009 年 1 月，《透明和开放政府》（*Memorandum on Transparency and Open Government*）备忘录和《信息自由法案》（*Freedom of Information Act 2009*）备忘录的颁布，使开放政府数据政策正式走上“历史舞台”。此后，相继出台一系列开放政府数据的专门法律政策。2012 年 5 月的《数字政府战略》（*Digital Government Strategy*），在政府部门采取一系列措施促进数据的开放利用，为公众提供更好的“数字化”服务。2009 年 12 月的《开放政府指令》（*Open Government Directive*），要求联邦政府行政部门和机构落实备忘录中确立的透明（Transparency）、参与（Participation）和协作（Collaboration）的基本原则。2012 年 3 月的《大数据研发倡议》（*Big Data Research and Development Initiative*），提出发展前沿核心技术、推动科学工程领域发明创造以及储备人力资源三大目标，满足发展大数据技术的需求。2012 年 5 月的《建立 21 世纪的数字政府》备忘录（*Building a 21st Century Digital Government*），提出“释放政府数据潜能，促进创新，提高服务质量”的目标。[①]《数字政府：构建一个 21 世纪平台以更好地服务美国人民》（*Digital Government: Building a 21st Century Platform to Better Serve the American People*）备忘录，将“电子政府战略”升级为“数字政府战略”。2013 年 5 月的总统行政命令《实现政府信息公开化和机器可读取化》（*Making Open and*

① “Presidential Memorandum—Building a 21st Century Digital Government”, https://obamawhitehouse.archives.gov/the-press-office/2012/05/23/presidential-memorandum-building-21st-century-digital-government.

Machine Readable the New Default for Government Information）要求，政府信息资源必须以开放化和机器可读化作为基本形态；政府信息在全生命周期均应作为关键资产予以管理，以提升数据的交互性、可操作性和开放性；政府部门应当确保最大限度、最大范围将数据向社会公众予以开放，数据开放的地点和方式应当能够确保社会公众易于检索、获取和使用。[①] 2013 年 5 月，行政管理预算局（Office of Management and Budget，OMB）发布备忘录《开放数据政策：将信息作为资产进行管理》（*Open Data Policy-Managing Information as an Asset*），要求联邦机构建立和维护"企业数据清单"（Enterprise Data Inventory）和"开放数据清单"（Public Data Listing），制定与用户协作的规范，确保在 Data. Gov 上优先发布最具价值的数据集。2014 年 5 月的《数字问责制和透明度法》（*Digital Accountability and Transparency Act*），将联邦支出信息从混乱的文件转变为标准化、结构化的开放数据，使公民和政策制定者都能够获取，提升联邦支出数据的透明度和利用率。2014 年 5 月的《大数据：抓住机遇，守护价值》（*Big Data: Seizing Opportunities, Preserving Values*）白皮书，汇总信息共享中隐私保护的相关立法。2016 年 5 月的《联邦大数据研究和发展战略计划》（*The Federal Big Data Research and Development Stretegic Plan*），提出聚焦新型技术、数据质量、基础设施、共享价值、隐私安全、人才培养和加强合作等七大战略，建设有活力的国家大数据创新生态系统。2018 年 1 月的《关联政府法》（*Connected Government Act*），规定所有新的和重新设计的联邦机构公共网站必须是易于移动的。2018 年 12 月的《开放政府数据法》（*Open Government Data Act*），将之前开放政府数据的相关战略和政策上升到法律层面，为政府数据开放利用提供法律保障。2019 年 2 月的《联邦数据战略与 2020 年行动计划》（*The Federal Data Strategy & 2020 Action Plan*），提出

① "Making Open and Machine Readable the New Default for Government Information", https://www.federalregister.gov/documents/2013/05/14/2013-11533/making-open-and-machine-readable-the-new-default-for-government-information.

将数据作为战略资源进行开发。

（三）政府数据安全保护

2012 年的《消费者数据隐私保护法案》（*Consumer Data Privacy in a Networked World*），为切实保护个人的信息和隐私在互联网中的使用，提出消费者所拥有的包括尊重数据背景、可访问和准确性、限制收集等原则在内的 7 种权益。2018 年 10 月，信息政策领导中心（Centre for Information Policy Leadership，CIPL）发布报告《人工智能与数据保护：实现可持续的人工智能问责制》，指出 AI 技术与传统的数据保护原则存在一定的冲突，若要实现数据保护的双重效果，需要公司的前瞻性做法和监管机构对现有法律的合理解释。2019 年 12 月，OMB 发布《联邦数据战略与 2020 年行动计划》，描述联邦政府 2020 年之后未来十年的数据愿景，初步确定各政府机构在 2020 年需要采取的 20 项关键行动。其中，GSA 将开发数据伦理框架，帮助联邦机构系统地识别和评估与其获取、管理和使用数据相关的潜在利益和风险。国会研究服务局（Congressional Research Service）分别于 2019 年 3 月和 5 月发布《数据保护法：综述》（*Data Protection Law：An Overview*）和《数据保护与隐私法律简介》（*Data Protection and Privacy Law：An Introduction*）报告，介绍数据保护立法当前和今后的情况。2020 年 1 月，国家标准技术研究院（NIST）发布《隐私框架 1.0 版：通过企业风险管理来提升隐私的工具》，为相关组织保护个人数据提供隐私保护策略。2020 年 2 月，CIPL 发布《人工智能与数据保护：问题与实用性应对措施》报告，提出 AI 和数据保护中的公平、透明性、目的说明和使用限制以及数据最小化等关键性问题的应对措施。2020 年 2 月，联邦贸易委员会（Federal Trade Commission，FTC）发布《2019 年隐私和数据安全报告》，介绍在消费者隐私保护和数据安全方面所开展的工作。2020 年 6 月，FTC 发布《FTC 消费者隐私保护和数据安全的实践报告》（*FTC's Use of Its Authorities to Protect Consumer Privacy and Security*），介绍联邦贸易委员会在隐私保护和数据安全领域治理不公平和商业欺诈所做的工作。2020 年 7 月，政府问责局（Government

Accountability Office，GAO）发布《人脸识别技术：与商业用途有关的隐私和准确性问题》报告，从法律和行业实践层面探讨人脸识别技术在隐私保护方面的方案。国会研究服务局发布《第 116 届国会的隐私法案比较》（*Watching the Watchers*：*A Comparison of Privacy Bills in the 116th Congress*）报告，介绍隐私法案的内容以及今后立法需要考虑的问题。2020 年 7 月，国家情报总监办公室（ODNI）发布《情报体系人工智能伦理框架》，对情报界人员使用人工智能进行伦理方面的指导，内容涉及设计、使用和管理人工智能和相关数据。2020 年 9 月，总务署（General Services Administration，GSA）发布《数据伦理框架草案》（*Draft of the Data Ethics Framework*），介绍了数据伦理的 7 项基本原则。2022 年 3 月，通过《加强美国网络安全法》（*Strengthening American Cybersecurity Act*），试图通过简化之前的网络安全法案来改善联邦机构之间的协调，进一步加强网络安全。2022 年 5 月，相继通过《优化网络犯罪度量法》（*Better Cybercrime Metrics Act*）和《国家网络安全防范联盟法》（*National Cybersecurity Preparedness Consortium Act*），旨在提升网络犯罪数据可见性、提高网络犯罪打击效率以及使国土安全部能够与非营利实体合作，开发、主办网络安全培训，以支持防御和应对网络安全风险。2022 年 6 月，发布《数据隐私和保护法（草案）》（*American Data Privacy and Protection Act*），意图建立强有力的国家数据隐私和数据安全框架，从联邦层面推动分散的隐私立法走向统一，以更好地保护公民权利。

三 欧盟的开放政府数据政策

（一）制定战略规划

欧盟通过制定战略规划为成员国乃至全球的开放政府数据领域树立榜样。2011 年 12 月，欧盟数字议程围绕欧盟开放数据战略制定多项法律政策，旨在让企业与市民能自由获取公共管理部门所有信息和数据。2013 年，欧盟委员会（简称“欧委会”）制定《公民数字能力框架》（*European Digital Competence Framework for Citizens*），促进公民数字素养提升，并于 2016 年、2017 年先后修改推出 2.0 和 2.1 版本。2020 年 2 月，欧委会发布《塑造欧洲的数字未来》（*Shaping Europe's Digital Future*）战略文件，提出欧盟数字化变革的理念、战略和行动，通过建立以数字技术为动力的欧洲社会，使欧洲成为数字化转型的全球领导者。2015 年 5 月，启动"单一数字市场战略"（Digital Single Market Strategy），注重通过一系列举措革除法律和监管障碍，将 28 个成员国市场打造成一个统一的数据市场，以繁荣数字经济。2020 年 2 月，欧委会公布《欧盟数据战略》（*A European Strategy for Data*），阐述在数据方面的政策措施和未来五年的投资计划，助力数字经济发展。2020 年 6 月，电信监管机构（Body of European Regulators of Electronic Communications，BEREC）发布《2021～2025 战略和工作计划》，旨在促进独立、一致和高质量的数字市场监管。2020 年 7 月和 10 月，欧洲政策中心先后发布《正确制定〈数字服务法〉：关于蓬勃发展欧盟数字生态系统的 3 条建议》（*Getting the Digital Services Act Right：3 Recommendations for a Thriving EU Digital Ecosystem*）和《将有意义的透明度置于〈数字服务法案〉的核心》（*Putting Meaningful Transparency at the Heart of the Digital Services Act*），前者提出引入双重激励机制、建立欧盟中央机构、增强国家数据保护机构的作用；后者提出需要提高互联网平台的透明度。2020 年 11 月，欧委会提出《数据治理法案》（*Data Governance Act*），推动欧盟范围内各部门之间数据共享，开发数据中蕴含的巨大潜力，增强公民和企业对数据的掌控力度和信任程度。2020 年 12 月，欧委会公布《数字服务法案》（*Digital Services Act*）和《数字市场法案》（*Digital Markets Act*），明确数字服务和在线平台活动中的限制和义务，为数字服务（包括社交媒体、在线市场和在欧盟运营的在线平台）制定一套全面的新规则。2021 年 3 月，欧委会发布《2030 数字指南针：实现数字十年的欧洲路径》（*2030 Digital Compass：The European Way for the Digital Decade*），提出到 2030 年数字化转型的愿景、目标和路径，描绘了欧盟通过追求数字主权、完善政策框架，赋能个人和企业实现数字化发展的雄心。

（二）制定法规政策

欧盟通过制定和出台一系列法规政策，对政府数据的开放、利用、保护、安全等方面进行了规范。2016 年 4 月通过、2018 年 5 月生效的《通用数据保护条例》（*General Data Protection Regulation*，GDPR），对个人数据的收集、处理、使用和存储进行规范和约束。2017 年 1 月，发布《打造欧盟数字经济》（*Build a European Data Economy*），启动打造欧盟数字经济计划。2018 年 4 月，发布《建立一个共同的欧盟数据空间》（*Towards a Common European Data Space*），促进公共部门和私营部门的数据开放共享。2018 年 10 月，《非个人数据自由流动条例》（*Regulation on the Free Flow of Non-Personal Data*）通过，旨在促进欧盟境内非个人数据自由流动，消除成员国数据本地化的限制。2019 年 4 月，批准《开放数据和公共部门信息再利用指令》，将显著改善公共部门和公共资助数据的可用性和创新性使用，从而有助于推动人工智能等数据密集型技术的发展。2019 年 6 月，《网络安全法案》（*EU Cyber Security Act*）规定，机关、办公室和办事处等机构在处理涉及个人用户、组织和企业网络安全问题的过程中加强网络安全结构、增强对数字技术的掌控、确保网络安全应当遵守的法律规制。2022 年 2 月，公布《数据法案》（*Data Act*）草案，旨在确保数据环境的公平性，促进数据有效流通，为数据驱动创新提供机会。2022 年 5 月，批准《数据治理法案》（*Data Governance Act*），在欧洲共同数据空间政策下，促进受保护公共部门数据的再利用，用于研究、创造、创新服务和产品。2022 年 11 月，发布《欧洲互操作法案》（*Interoperable Europe Act*）提案，有助于打破政府间数据共享的壁垒，支持创建数字公共行政网络，加速欧洲公共部门的数字化转型。

（三）强化技术监管

欧盟注重通过多种手段加强对新一代信息技术的分析和监管。2019 年 4 月，欧委会在《可信赖的人工智能道德准则》（*Ethics Guidelines for*

Trustworthy AI）提出建立可信赖人工智能的下一步措施。2019 年 10 月，欧委会联合研究中心（*Joint Research Centre*，JRC）发布《区块链的当下和未来：评估分布式账本技术的多维影响》报告，分析分布式账本技术对多个应用领域带来的机会和挑战。2019 年 11 月，欧盟基本权利局发布《面部识别技术：执法中的基本权利考虑》（*Facial Recognition Technology*：*Fundamental Rights Considerations in the Context of Law Enforcement*）报告，介绍部署实时面部识别技术来实现执法的目的时避免侵犯人权应采取的步骤。2020 年 1 月，欧委员发布《5G 网络安全措施工具箱》报告，批准一套措施减轻与 5G 相关的网络安全风险。2020 年 2 月，欧委会发布《人工智能白皮书——通往卓越和信任的欧洲道路》（*White Paper on Artificial Intelligence-A European Approach to Excellence and Trust*），提出构建基于卓越和信任的可信赖人工智能框架。2020 年 6 月，BEREC 发布《5G 监管指南》，解释 5G 监管在促进 5G 生态系统中的作用。2022 年 1 月和 7 月，欧委会先后通过《数字服务法案》（*EU Digital Services Act*）和《数字市场法案》（*Digital Markets Act*），明确数字服务提供者的责任并遏制大型网络平台的恶性竞争行为，加大力度规范网络空间。

（四）保护主权安全

欧盟在数据开放和利用过程中加强对数据主权、数据安全和个人数据的保护。2020 年 1 月，欧洲数据保护专员公署（European Data Protection Supervisor，EDPS）发布针对个人数据保护的比例原则的指南，旨在为政策制定者提供实用工具，帮助评估措施是否符合《基本权利宪章》对隐私和个人数据基本权利的规定。2020 年 7 月，欧洲议会发布《欧洲数字主权》（*Digital Sovereignty for Europe*）报告，从数字经济和创新、隐私和数据保护以及网络安全、数据治理和在线平台的行为三个方面介绍已经采取的措施。2020 年 12 月，欧洲政策中心发布《提升欧洲的战略自主权——增长、规则及合作的数字主权》（*Fostering Europe's Strategic Autonomy - Digital Sovereignty for Growth*，*Rules and*

Cooperation）报告，提出提升数据主权应遵循的三大支柱战略。

（五）评估完善政策

欧盟不断出台政策修改案和解释，促进与原有法规政策进行协调和衔接。2017 年 1 月，欧委会通过《隐私与电子通信指令》（*Eprivacy Directive*）的修订草案，旨在与 GDPR 中关于数据保护的规定相一致，提高数据保护的整体水平。2019 年 3 月，欧洲议会正式通过《数字单一市场版权指令》，修改和完善对版权的限制和例外条款，平衡内容提供者和网络服务提供商之间的利益关系。2019 年 5 月，欧委会发布关于非个人数据自由流动与欧盟数据保护规则相互适用的新指南，旨在帮助用户特别是中小企业了解存在个人数据和非个人数据的数据集时，《非个人数据自由流动条例》与 GDPR 之间的相互关系及相互适用性。2020 年 1 月，欧洲数据保护委员会（European Data Protection Board，EDPB）针对《通用数据保护条例》相关条款出台一系列政策指南，并对实施效果进行评估；2018 年 7 月，通过《关于通过视频设备处理个人数据的指南》，旨在通过视频设备根据 GDPR 处理个人数据提供指导；2019 年，发布关于 GDPR 第 6（1）条如何适用的指南，以帮助企业处理个人数据提供合法性依据；2019 年 6 月，发布《针对 GDPR 第 42 和第 43 条有关“认证”规定的指南》，帮助成员国、监管机构和国家认证机构为实施认证机制建立更加一致和统一的机制；2019 年 11 月，发布《GDRP 适用地域指南 3/2018（条款 3）》，评估数据控制者或处理者的特定处理是否在新法律框架范围之内，确保 GDPR 的统一适用；2019 年 11 月，发布《关于 GDPR 第 25 条设计和默认的数据保护指南》（*Guidelines 4/2019 on Article 25 Data Protection by Design and by Default*, *Version for Public Consultation*），针对各项数据保护基本原则提出关键要素；2020 年 5 月，发布关于“同意”的指南，旨在使与 Cookie 有关的数据主体同意变得清晰，并明确是否可以将网页浏览视为用户同意；2020 年 9 月，通过《数据控制者和处理者的指南》，对 GDPR 中的数据控制者、联合数据控制者和数据处理者的概念做解释和说明；2020 年 9 月，通过《针对社交媒体用户的指南》，针对社交媒体平台提供定向服务等行为中的个人数据保护相关要求进行解释说明。

四　英国的开放政府数据政策

（一）制定国家战略

自 2011 年起，连续出台 4 份《开放政府合作伙伴：英国国家行动计划》，分别聚焦改善公共服务及更有效地进行公共资源管理；反腐败、受益所有权、信息基础设施建设以及提高援助、地方当局的透明度等领域；开放商业信息、自然资源数据信息、合同及采购数据、政府捐赠资助数据、选举数据等数据；承诺增加政府中的公共参与程度，促进公共部门创新等方面。

2012 年，发布《开放数据白皮书：释放潜能》（*Open Data: Unleashing the Potential*），提出通过开放数据建设透明政府，为商业创新提供资源，提高公共服务水平，并提出了一系列战略举措。2012 年 11 月，发布《政府数字化战略》（*Government Digital Strategy*），以“首选数字化”为核心理念，要求政府部门和机构以数字技术为核心重新设计一批高质量的公共服务，标志着政府进入公共服务数字化阶段。2013 年 10 月，发布《把握数据带来的机遇：英国数据能力战略》（*UK Data Capability Strategy: Seizing the Data Opportunity*），旨在确保在数据挖掘和价值萃取领域的世界领先地位，促进信息经济为公民、企业、学术机构和公共部门创造更多收益。2014 年，发布《政府数字包容战略》（*Government Digital Inclusion Strategy*），旨在进一步缩小数字鸿沟。2017 年 2 月，发布《政府转型战略 2017～2020》（*Government Transformation Strategy 2017 to 2020*），秉承“数字政府即平台”理念，持续推进政府数字化转型战略。2017 年 3 月，发布《英国数字化战略》（*UK Digital Strategy*），帮助英国在推进数字化业务、试用新型技术或者实施先进技术研究方面占据优势地位，建设一个现代化、具备动态性的全球性贸易大国。2020 年 9 月，发布《国家数据战略》（*National Data Strategy*），阐明释放数据的力量，为处理和投资数据以促进经济发展建立框架，努力成为下一轮数据驱动型创新的领导者。

（二）出台专项计划

2010年，英国公共部门透明委员会发布《公共部门透明委员会：公共数据原则》，要求各公共部门将政府数据开放的原则应用到其开放数据战略中。2010年12月，英国颁布《促进增长的创新与研究战略》，提出政府部门将在未来一段时间开放交通、气象和健康等核心公共数据集。2011年8月，英国内阁办公室发布《开放数据咨询》，阐述开放数据与公民和纳税人息息相关的问责制、支持明智的选择、公共服务效率、公共服务质量、社会发展、经济增长等6个方面的价值。2011年11月，英国发布《关于开放数据措施进一步细节的秋季声明》，明确十余种数据的开放措施细节；2011年，出台《2011秋季声明》，提出建立开放数据研究所、数据战略委员会和公共数据小组等机构；2015年，出台《国家信息基础设施实施文件》，规定安全、以用户为中心、良好管理、可靠、维护、灵活性以及互联与可用等7项指导原则。[①] 2019年7月，英国信息委员会办公室（Information Commissioner's Office，ICO）发布《数据共享行为守则（征求意见稿）》（*Data Sharing Code of Practice*），对数据共享行为流程作了合理规制，提出包含开展数据保护影响评估、制定数据共享协议、贯彻“问责制”原则、确定共享数据的合法性基础、确保数据共享的公平性和透明度、保障数据主体法定权利并安全地处理个人数据等6个数据共享的具体要求。

（三）保护数据安全

2018年5月，发布《通用数据保护条例指南》，内容包括关于同意的信息、GDPR下权利的解释、特殊类别和刑事犯罪数据的描述、关于保护儿童数据的指导等内容。2018年5月，通过新修订的《数据

① 黄如花、刘龙：《英国政府数据开放的政策法规保障及对我国的启示》，《图书与情报》2017年第1期。

保护法案》(*Data Protection Act*)，废除1998年颁布的《数据保护法》，重新建立数据保护框架以促进GDPR的有效落实。2019年7月，数字、文化、媒体和体育部（UK Government's Department for Digital, Culture, Media and Sport, DCMS）发布《电信供应链评估报告》，对激励电信运营商改善5G和全光纤网络的安全标准和实践，应对供应商带来的安全挑战，创建多元、可持续的电信供应链等三个问题进行评估。2020年1月，ICO发布《网络服务适龄设计实践守则》（*Age Appropriate Design: A Code of Practice for Online Services*）的最终版，规定15条针对儿童的适龄标准，为网络服务提供者在网络服务中保护儿童隐私提供指引。

（四）降低数据风险

2019年3月，ICO发起“人工智能审查框架”项目，旨在研究审查AI应用的方法，以保证其透明、公平；评估、监管由AI应用产生的数据保护风险；为在合法范围内使用和创新AI提供指引。2019年6月，ICO发布更新版的《自动化广告和实时竞价》报告，提出实时竞价对数据主体权利和自由造成的风险。2019年6月，ICO发布《AI系统中的人类偏见与歧视》报告，为防范AI系统偏见和歧视风险提供技术和组织上的解决路径指导。2020年5月，ICO与阿兰·图灵研究所(Alan Turing Institute)联合发布《人工智能决策说明指南》，旨在为帮助相关组织对AI所做的决策向利益相关方进行说明。2020年6月，数据伦理与创新中心（CDEI）发布《AI晴雨表》报告，从全系统视角分析英国发展AI和大数据的机遇、风险和治理挑战。

五　其他国家和地区的开放政府数据政策

（一）澳大利亚的开放政府数据政策

早在2001年，澳大利亚政府便发布《空间数据访问和定价政策》(*Australian Governments Spatial Data Access and Pricing Policy*)，是规定免费为公众提供政府数据的政策。2011年12月，宽带、通信和数字经济部发布《国家数字经济战略》(*National Digital Economy Strategy*)，提出加快国家宽带网络建设，提高数字生产力。2013 年 8 月，信息管理办公室发布《公共服务大数据战略》，提出指导大数据发展的六大原则和实现目标拟采取的 6 项举措。2014 年 10 月，财政部公布《政府云计算政策》，要求政府机构在建设信息系统时采用云计算服务，把关键业务系统迁移到政府云。2019 年 9 月，发布《数据共享与公开立法改革讨论文件》(*Data Sharing and Release Legislative Reforms Discussion Paper*)，提出新的公共部门数据共享机制。

2020 年 2 月，竞争与消费者委员会发布《竞争与消费者（消费者数据权）规则 2020》(*Consumer Data Right*, CDR)，目标是为个人和企业提供高效、便利地访问企业持有的消费者数据的能力。2020 年 5 月，公平竞争和消费者委员会（Australian Competition and Consumer Commission, ACCC）和信息专员办公室（Australian Information Commissioner, OAIC）发布了 CDR 联合遵守和执行政策（CDR-ACCC and OAIC Compliance&Enforcement Policy），目的是鼓励遵守 CDR 规则、立法（包括隐私保护）和消费者数据标准。2020 年 5 月，议会通过《2020 年隐私法修订法案（公众卫生联络资料）》，旨在减轻公众对隐私的担忧，取代 COVID Safe 启动时根据《生物安全法》发布的临时决定，将其上升为法律，并引入加强隐私保护的其他措施。为在政府部门间更好地共享、利用公共数据，实现公共部门数据的使用、共享机制现代化，制定《数据可用性和透明度法案》(*Data Availability and Transparency Bill*, DATB)，要求联邦政府机构在向其他政府和私营部门共享个人信息前，应尽可能地征得数据主体同意。2021 年 10 月，发布《政府间数据共享协议》，为联邦、州和地区政府间的数据共享行为提供了法律依据。

（二）日本的开放政府数据政策

2012 年 7 月，高度信息通信技术社会发展战略本部（简称“IT 综合战略本部”）发布《数字行政开放数据战略》，指出国家应通过加强对政策体系的构建促进公共数据的利用，拉开了政府构建数据开放政策体系的序幕。2013 年 6 月，内阁发布《创造世界最先进的 IT 国家宣言》，其中提到应当推进面向社会公众的公共数据开放。2016 年 5 月，启动“开放数据 2.0”计划，以实现能够解决实际问题的政府数据开放为目标，拓宽政府数据开放的开放主体、开放对象和适用地区等，标志着日本数据开放建设迈入新阶段。2016 年 12 月，内阁发布《推进官民数据利用基本法》，从法律层面对政府数据开放工作进行统一规定和指导，这是首部专门针对数据利用的法律。2017 年 5 月，IT 综合战略本部及官民数据利用发展战略合作机关联合通过《开放数据基本指南》，归纳开放数据建设的基本方针，成为政府数据开放的总指导文件。2019 年 12 月，内阁会议通过《数字政府实施计划》，提出到 2025 年建立“一个使国民能够充分享受信息技术便利的数字化社会”，并将开放数据作为其中的重要一环，标志着政府数据开放已成为日本向数字化社会转型的一大关键战略要素。[①] 2021 年 2 月，日本经济产业部发布《个人健康记录（PHR）信息处理指南》草案，保障公民健康记录的数据安全和有效利用。

（三）韩国的开放政府数据政策

2021 年 10 月，韩国国务会议通过全球首部规制数据产业基本立法——《数据产业振兴和利用促进基本法》，对数据的开发利用进行统筹安排，为发展数据产业和振兴数字经济奠定基础，该法计划于 2022 年 4 月全面实施。根据该法，在总理办公室下设国家数据政策委员会，作为国家数据产业政策的管理机构，每三年审议并发布数据产业振兴综合计划；系统化地扶持数据分析、交易供应商等专门的数据企业；培养数据经纪商作为数字经济的促进者，构建数据价值评估、资产保护和争端解决机制等。

---

① 黄雨婷、傅文奇：《日本政府数据开放的政策保障及其启示》，《数字图书馆论坛》2020 年第 9 期。

第三节　国内外开放政府数据政策经验对比

对国内外开放政府数据政策的实践与发展情况进行对比和分析，有利于借鉴国外发达国家在开放政府数据政策协同方面的成功经验，为弥补我国开放政府数据政策协同存在的不足提供有益借鉴。

一　我国与部分国家和地区开放政府数据政策对比

为对比国内外开放政府数据政策的实践，本研究基于政策科学和协同学理论构建了政策比较框架，从政策理念、政策目标、政策主体、政策客体、政策工具等5个方面，系统全面地比较分析各国政策的着力点，如表3-4所示。

表3-4　我国与部分国家和地区开放政府数据政策对比

项目	中国	美国	欧盟	英国
政策理念	秉承国家大数据战略思想，提出建设网络强国、数字中国战略部署	确立“将数据作为战略资源”理念，在制定和实施数据战略时，将“以信息为中心、共享平台、以客户为中心、安全和隐私”等理念贯穿始终	通过大数据等信息通信技术促进欧洲“一体化”	强调“政府即平台”理念，打造开放政府和透明政府
政策目标	加快数字基础设施建设；推进各类数据资源的开放、共享和整合；构建以数据为关键要素的数字经济；运用大数据促进保障和改善民生；保障数据安全；运用大数据提升国家治理现代化水平	公民随时随地以任何设备获取优质的政府数字信息和服务；确保政府能适应数字世界新发展，通过智能、安全且实惠的信息技术手段，发展和管理信息技术设备、应用和数据；通过政府数据开放和共享，促进国家技术创新，提高公共服务水平	确保欧盟成“数据赋能”社会的榜样和领导者，实现让技术为人服务，公平和有竞争力的经济环境，开放、民主、可持续发展的社会	通过提供更高质量的数据来推动服务的改进、经济的增长以及提高数据的透明度；促进跨政府部门建设共享平台，提高政府数字服务，改善民众与政府之间的关系；政府通过利用数字化构建和提供服务，转变公众、企业同政府之间的关系

续表

项目	中国	美国	欧盟	英国
政策主体	主要是各级党委和政府及其组成机构	国家科技委员会专门成立"大数据高级督导组",负责制定大数据研发任务;先后设立首席信息官、首席技术官、首席数据官,由管理与预算办公室负责开放数据政策实施的协调和领导,并制定实际操作方案	注重发挥领导、协调作用,通过颁布相关法规政策、召开各类会议、推广成功经验等多种措施,促进成员国的协调交流以构建信息社会的战略框架,引导和督促成员国推进开放政府数据实践,形成大环境与开放数据相辅相成、互相促进的生态系统	政策制定主体涉及范围较广,包括内阁办公室等中央政府机构,国家档案馆、财政部以及商业、创新与技能部等部门以及社会组织、私营部门、工作团体和多边机构等,形成"政产学研用"的良性循环,构建起多维、多方协同治理的格局,保障政策执行;设立透明委员会,负责研究制定开放政府数据制度;成立开放数据研究所,与企业协同开展研究,对政府数据开放情况进行分析
政策客体	政策领域涉及开放政府数据的环境(如经济社会科技等的总体规划、政府网站和开放平台的建设等)、内容(如政府数据的开放、共享、利用、安全等)、应用(如政府行政改革转型、大数据技术的应用推广、数据产业和经济的发展等)等方面	注重通过国家战略形式,推动各级各类数据进入社会生产生活各环节,培育国家创新体系,促进大数据产业的发展	以跨国共建共享的合作模式建设技术平台;打造统一的数据市场;尤为重视对数据主权、数据安全和个人隐私的保护	认识到开放政府数据是关系国家整体治理的系统性工程,开放政府数据政策覆盖面极为广泛,涉及法律制度、组织架构、数据理论、数据标准、隐私保护、人才培养和市场监管等众多方面

续表

项目	中国	美国	欧盟	英国
政策工具	在"十四五"规划纲要等战略文件中专门设立章节进行论述；颁布《政府信息公开条例》《数据安全法》《个人信息保护法》《网络安全法》等专门和相关法律；制定《关于运用大数据加强对市场主体服务和监管的若干意见》《关于推进公共信息资源开放的若干意见》等系列政策	以《信息自由法》《隐私法》等法律为基础，出台《开放政府数据法》等专门法律；出台《使开放和可机读成为政府数据默认状态的总统行政指令》《提高对联邦资助的科学研究成果开放的备忘录》《开放数据政策》等系列政策；制定《数据保护法：综述》《数据保护与隐私法律简介》等数据安全与隐私专门法律	制定《塑造欧洲的数字未来》《欧盟数据战略》《2030数字指南针：实现数字十年的欧洲路径》等战略文件；颁布《数据治理法案》《数字服务法案》《数字市场法案》等专门法律；制定《开放数据和公共部门信息再利用指令》等专门政策；制定《通用数据保护条例》《网络安全法案》《非个人数据自由流动条例》等数据安全和隐私保护的政策法规	制定4份《开放政府伙伴关系：英国国家行动计划》以及《开放数据白皮书：释放潜能》《把握数据带来的机遇：英国数据能力战略》《政府数字包容战略》《英国数字化战略》《国家数据战略》《政府转型战略：更好地利用数据》等战略文件；颁布《信息自由法》《公共部门信息再利用条例》《数据保护法案》《环境信息条例》等专门法律；制定《公共部门透明委员会：公共数据原则》《促进增长的创新与研究战略》《开放数据咨询》《2011秋季声明》《国家信息基础设施实施文件》《数据共享行为守则（征求意见稿）》系列专门政策；制定《数据保护法案》等数据保护专门法律

二　国外开放政府数据政策成功经验

（一）注重开放政府数据政策体系的整体性和规范性、连续性

第一，注重整体性。一方面，强调全面性原则，发达国家通过战略重点强化开放数据指导性原则，通过制度建设固化开放政府数据政策体系，内容整体涵盖数据开放利用的范围、格式、安全、隐私、保密等诸多方面。开放政府数据政策的整体性，在于将制度、组织、人员、技

术、数据和资源整合，以支持在公共部门内部和外部继续进行转变，从而产生公共价值。[①] 另一方面，保持一致性原则，发达国家的开放政府数据是遥相呼应而不是孤立存在的，在时间上体现为前后政策紧密相连，在空间上体现为地方和部门与全国性政策相配合。例如，欧盟注重最大限度地发挥欧洲和国家政策工具的互补性。美国白宫办公厅首席绩效官制定出所有政府部门重点实施目标考核办法，以跟踪开放数据政策的落实情况，各部门的进展和达标情况必须按季度上报并将纳入绩效考核。[②]

第二，强调规范性。一方面，政策类型多样，既包括标准、许可、规划等多种类型的政策，也包括内阁办公室等中央政府，国家档案馆，财政部，商业、创新与技能部等政府部门以及其他机构多种主体的政策。另一方面，政策涵盖全面，内容涉及开放政府数据在全生命周期中各个环节、各个方面，如政府数据开放的依据、责任机构、目的、原则、范围、标准、许可协议、战略规划、隐私保护和人才培养等方面。例如，在国内开展健康医疗数据开放共享不仅应遵循国内相关法律法规，在跨境开展健康医疗数据流动时，也应遵循相关国家和地区的法律法规，如欧盟的《通用数据保护条例》和美国的《健康保险携带和责任法案》等。

第三，加强连续性。发达国家注重战略部署的连续性、继承性和发展性，在推进开放政府数据发展过程中，加强开放政府数据政策体系的顶层设计，构建数字政府建设的政策法规体系，通过经常性地基于前期政策效果推出一系列连贯的开放政府数据行动计划进行保障，并建立专门的数字政府管理体制。例如，美国为确保数据开放政策有效实施，要求政府部门制定并不断更新一整套开放数据政策，并与行政命令同时发布，白宫信息与法规办公室的首席信息官和首席技术官必须在互联网上

① 马颜昕等：《数字政府：变革与法治》，中国人民大学出版社，2021，第 98 页。

② 张其金：《大数据时代下的产业革命》，中国商业出版社，2016，第 129 页。

公布相关数据转换工具和使用指南，帮助各政府部门在落实该行政命令过程中协调一致，这些工具和指南必须定期更新以跟上数据开放政策落实的进程，在 90 天之内，相关部门和官员必须确定政策落实的初步实施细则，并纳入国家采购和国家基金发放程序中。

（二）注重理顺政府数据开放法律制度与已有法律法规之间的关系

第一，加强完善补充。部分发达国家不仅通过颁布专门的开放政府数据法律法规，而且通过制度修订与补充完善等方式，持续不断健全开放政府数据法律制度，以适应开放政府数据的要求，解决政府数据开放与已经建立的保密、隐私、安全、信息公开等法律规范之间的矛盾冲突。例如，英国优化数字工具、流程和治理体系；日本规范行政程序数字化发展。

第二，注重总体统筹。多数发达国家通过设立实体管理机构，统筹开放政府数据的规划、方案制定与实施以及部门之间的协调，强化开放政府数据的整体和协同治理。例如，美国创设首席信息官制度，推动跨层级信息共享和业务协同；韩国政府注重强化与产业发展结合。

第三，强化参与机制。发达国家重视开放政府数据生态环境建设，在开放政府数据战略实施中，发挥政府主导作用，注意吸引社会力量参与政府数据开放行动，积极营造良好的政府与社会力量合作关系，形成政府主导、市场开发、社会广泛参与的分工有序、合作共赢的多方参与机制。例如，美国构建公私伙伴关系；韩国构建涉及面广的系统平台，强化跨政府部门互动。

（三）注重开放政府数据的政策评估和安全保障

第一，提升政策效能。尽管发达国家的开放政府数据政策具有很强的指导性和可操作性，规定很具体和细致，易于操作和实施，但是，大量数据显示，即便是发达国家，政府数据开放度及产生的作用和影响仍然不尽如人意，实际的政府数据开放情况远低于各国的战略预期。通过开放政府数据政策效能评估，有助于发现影响政府数据开放存在的共性问题，如公共部门技术的匮乏、对政府数据价值的认识不足、个人隐私和信息安全等法律制度不健全等。[①] 例如，日本通过评估促进数字政府发展；美国以大门户链接和绩效评估为主要手段，促进联邦政府、州政府和地方政府之间跨层级的信息、数据和业务等方面的协同。

第二，加强价值引导指导。在开放政府数据开展实践中，发达国家对于开放政府数据政策价值的认识和引导源于实践的不断深入和经验教训的不断积累。一方面，强调公民权利，强制要求政府等公共部门主动开放其所持有的数据并授权公众利用，在政府和社会各个层面实现制度化，促使政府公务员的思维模式和公共机构的合作方式产生根本的转变。另一方面，以价值为驱动，赋予公众数据获取权和利用权，公众可依据现有法律法规要求政府等公共部门提供相关数据。例如，日本以用户为中心开展行政服务改革；韩国以信息共享、数据公开作为数字政府建设的核心。

第三，强化数据安全保障。一方面，发达国家通过加大立法力度、优化政策环境、制定规范标准、建立保护机构等措施，强化对数据安全的保护。例如，美国建立数字政府管理标准保障数据安全。另一方面，发达国家十分注重对公众个人数据和隐私保护，很多开放政府数据相关法律法规中都设有个人数据和隐私保护的条款和内容。例如，欧盟通过采用统一立法模式，即制定综合性的个人信息保护法来规范个人信息收集使用行为，统一适用于公共部门和非公共部门，并设置综合监管部门集中监管；美国在推进开放政府数据政策时，各政府部门在确定开放任何信息和数据之前，都应对该信息和数据在有效期内是否侵犯国家安全、政府机密和个人隐私进行评估，确保数据开放在法律规定的范围内实施。

① 翟云：《智慧治理："互联网+"时代的政府治理创新》，国家行政学院出版社，2016，第83页。

第四章　开放政府数据政策协同机理解析

开放政府数据政策作为一个协同开放的生态系统，其活动应当把每一个要素、子系统放在系统里，对开放政府数据政策各利益主体的需求和利益关系进行分析，从整体视角出发，从要素与要素、要素与子系统、子系统与子系统、子系统与系统、系统与环境之间的相互作用、相互关系和相互制约中，对政府数据全生命周期过程进行实证考察和辩证分析，分析开放政府数据政策协同运行的机理，找出影响因素，从系统整体上达到最优化目标的状态。

第一节　开放政府数据政策结构

本研究根据系统论的理论，从要素和子系统运行两个维度对开放政府数据政策体系进行分析。

一　开放政府数据政策的要素

根据政策科学的理论，政策体系的要素可分为政策理念、目标、主体、客体、工具。政策作为政府行为的产出项，选择不同的政策理念、政策目标、政策主体、政策客体、政策工具等要素，会得到不同的政策结果。政策理念是解决某一政策问题的看法、观点和价值信念。政策目标是政策主体为解决特定社会公共问题而采取的政策行为所要求达到的目的、指标和效果。[①] 政策主体是指参与和影响某一政策制定、执行、监督等过程的组织、团体和个人，是政策体系的能动角色、主要载体和核心部分，从活动功能领域角度划分，政策主体包括政府主体、市场主体、社会主体。政策客体指的是某一政策所发生作用的对象，包括政策所要处理的问题（物）和所要发生作用的成员（人）两个方面。政策工具是达成政策目标的手段和方式。

（一）政策理念

开放政府数据政策理念，主要蕴含在政策指导思想或政策目标中，是对开放政府数据全局性的愿景描述和所需要实现的行动方向，体现了政策制定者对开放政府数据政策的理解。在我国，开放政府数据政策理念体现在，将数据治理理念作为贯彻新发展理念、坚持“以人民为中心”的发展、实现“善治”理念的重要手段。在数据时代，开放政府数据已经成为提升政府治理能力的重要手段，有效推动了政府体制和治理模式的变革。开放政府数据政策体系能够满足公众和企业等主体对政府信息和数据的需求，是公众知情权在数字时代的具体体现，有利于缩小公众与政府之间的数字鸿沟，有效保障了公众的信息和数据权益，改善政府与公众之间信息和数据不对称的状况，使社会组织、企业、公众等主体能够参与到社会治理过程中来，提升了社会治理的开放度、平等化和精准化，有利于增强政府透明度、完善和优化治理模式，是政府增强治理能力、提升治理效能、实现善治理念的重要手段。

（二）政策目标

开放政府数据政策目标是指，通过开放政府数据政策的颁布、实施、评估，加强对开放政府数据的开放、共享、利用、安全等方面的规范和引导，提升政府数据资源的利用效率，实现政府数据价值增值，促进经济高质量发展。在数据时代，政府数据已经成为重要的战略资源和经济发展的动力源泉。政府机构、社会组织、企业和公众等政策主体，

① 毛子骏：《地方政府数据开放研究》，武汉大学出版社，2019，第 77 页。

在制定、实施、应用有关政府数据开放、利用、安全等方面的政策时，应确保在统一和一致的目标与原则之下。例如，对所有政府数据统一使用标准的开放式许可，从而解决开放政府数据政策存在的零散化、碎片化、不协调等问题，保障数据安全和个人隐私，以挖掘政府数据资源中潜在的价值，推动数据资源的充分共享和优化配置，激发社会大众基于政府数据的创新，实现政府数据的价值增值。

（三）政策主体

开放政府数据政策主体是指参与和影响开放政府数据政策制定、执行、监督的组织、团体和个人。在开放政府数据相关法规政策组成的政策体系中，其实施操作涉及多个层级和不同类型的政府部门、非政府部门、企业、公众等多个行为主体，包含政府数据的构建、处理、发布、获取、开发、利用、反馈等诸多环节，内容涵盖开放利用、安全隐私、标准规范等多种类型的法律法规政策。在开放政府数据政策运行过程中，各政策主体之间容易产生“摩擦”和“阻力”，如果各类政策的制定与执行主体相互配合、各政策要素达到相互协调的状态，政策体系将达到更为“润滑”的状态，政策体系的运行效率也将随之提升，从而能够更好地发挥政策功能。各类政策主体之间协调力的强度决定政策嵌入的深度和广度：协同力大，政策对社会环境的改造程度就大；反之亦然。政策协同的强度还会进一步强化或弱化政策嵌入的各要素。[①]

（四）政策客体

开放政府数据政策客体主要包括物和人两个方面。物的方面包括：一是开放政府数据政策制定实施所要改变的与预期状态不相符合的现实状态，例如，制定大数据国家战略，为政府数据开放提供良好的政策法律环境，促进政府数据的开放利用等；二是开放政府数据政策所要直接作用的政策标的物，例如，加强开放政府数据的顶层设计，为开放政府

① 汪霞：《嵌入与协同：公共政策执行动力源研究》，中国社会科学出版社，2015，第21页。

数据设立相应的原则，协调和平衡各类政策主体的利益等；三是开放政府数据政策在制定和执行中所要运用的实体性因素，例如，建立国家级的政府数据开放平台、制定统一的开放政府数据的标准等。人的方面是指开放政府数据直接作用和影响的群体，主要包括政府工作人员、数据相关企业工作人员、公众等，如数据生产者、数据管理者、数据使用者以及数据赋能者等利益相关者。

（五）政策工具

开放政府数据政策工具是指政府等主体为实现一定的政策目标、解决一定的政策问题而采用的手段、措施和机制的总和。开放政府数据政策主体在制定政策时，需要综合运用多种政策工具，协调涉及开放政府数据的政府部门、社会组织、企业、公众等各方主体的需求和利益，保障政策目标高效地实现。此外，应对开放政府数据相关政策工具的制定、内容、效率等方面进行评估评价，将开放政府数据的开放度、安全度、完整度、便利度、协同度等相关指标作为考核政府部门的重要指标，为开放政府数据政策的实施提供有力支撑与后续保障。通过对开放政府数据政策工具的评估，有利于找出开放收益最大、成本最小、效果最佳的开放政府数据政策工具组合，为修改和完善现行的政策法规提供依据，以达到政策工具效果的“帕累托最优”状态。

二　开放政府数据政策的子系统

从子系统运行角度，开放政府数据政策体系主要包括主体子系统、客体子系统和运行子系统。

（一）主体子系统

开放政府数据政策主体是指直接或者间接参与开放政府数据政策的制定、执行、评估全过程的各级政府部门、社会组织、企业或个人。开放政府数据政策主体可分为横向决策主体和纵向执行主体。纵向执行主体是指国家—省（自治区、直辖市）—市（地）—县（区）—乡（街道）的开放政府数据部门通过完善沟通、协作、激励等机制，梯度落实开放政府数据的宏观战略和政策，以确保政策效果与决策预期相一致。横向决策主体在应对跨界问题时，需要与不同政策主体进行沟通和协调。根据开放政府数据政策的目标——通过对政府数据的开发、共享和利用提高政府数据对数据产业和数字经济发展的贡献率，满足产业和创新主体的需求——政府部门与产业经济、科技教育、财税金融、文化娱乐、生态环保等横向决策主体间应进行诉求沟通、资源整合、行动协作，最终实现横向政策制定主体系统的协同匹配。

（二）客体子系统

在开放政府数据政策客体子系统中，政策客体包括三方面内容。一是开放政府数据政策的作用对象。主要包括与开放政府数据政策直接相关的数据企业、社会组织、公众个人等微观创新主体，间接相关的产业尤其是数据产业这类中观经济主体。二是开放政府数据政策的实施目的。在政治层面，更加快捷、方便、有效地为政府治理提供有价值的信息和数据，影响公共决策过程，提升政府公共决策效能，提高社会和公众的信任度，促进政府服务方式转型。在经济层面，激励基于政府数据的创新项目，促进数据产业和数字经济发展，实现经济发展向与社会治理、自然环境相协调的经济方式转型。在社会层面，提升公众生活品质、公共服务质量、整体社会福利水平和公众满意度，促进社会治理方式转型。三是开放政府数据政策需要协同的利益。开放政府数据政策的制定与实施要以实现经济价值与社会价值、政府利益与企业利益、政府效能与公众福祉等多方利益的协同为目标，通过政策、法规、规划、意见等形式对政府数据开放的内容、标准、安全性进行调节和规范，既要最大限度地激励企业、公众等社会主体对政府数据的开发、利用、创新、增值并获得经济收益，形成开放—开发—创新—增值—利用的良性动态循环，又要协调企业利润和社会价值之间的利益冲突，促进信息和知识的共享、传播与利用，从而推动社会整体进步。这要求开放政府数据政策激励政府数据的开放、开发、利用，实现开放政府数据的政治价值、经济价值、社会价值、文化价值和生态价值，完善相应的产品转化机制、资金配套机制、商业推广模式，认可开发主体的经济价值创造过程。

（三）运行子系统

政策运行是指政策问题提出、政策目标制定、政策措施匹配、政策内容执行、政策效果评估等一系列政策循环周期的总和。[①] 开放政府数据政策运行涵盖了从政策目标确定、政策工具运用、政策执行推进及政策效果评估的全部运行过程。开放政府数据政策目标确定是指各级政府职能部门为激励企业、个人等创新主体挖掘政府数据中蕴含的潜在价值而运用行政管理手段配置的政策诱导点。例如，我国国家大数据发展战略通过确立“全面推进我国大数据发展和应用，加快建设数据强国”政策导向，加大政府数据开放的力度，促进政府数据尤其是潜在高价值数据的开发利用，推进国家大数据战略的实施与运行。开放政府数据政策工具运用是指政府需要在相关节点配置适宜的政策手段，包括法律手段、行政手段、经济手段等（如出台法规、政策资助、税收优惠、政府采购、金融服务、公共服务等），激励高质量、高价值的数据产品研发与生产。开放政府数据政策执行推进是指运用政策匹配资源实现政策目标的过程，受政策执行者的梯队层级、目标和利益博弈、数据质量等因素影响。例如，我国要制定提高政府数据开放比例、提升政府数据产品收益、加大公众参与开发激励等政策措施，需要工业和信息化部、国家发展和改革委员会、科学技术部、教育部等部门和各级地方政府制定配套措施，否则在政策执行过程中容易出现政策协同失灵现象。开放政府数据政策效果评估是指基于一定标准对政策制定、执行和效果进行评估，并根据反馈不断进行调试、改进、完善政策的过程。那么对于政策目标一致的纵横向协同部门，就需确定统一的政策评估导向，以避免政策运行效果偏离预期目标。

---

① 杨晨、王杰玉：《系统视角下知识产权政策协同机理研究》，《科技进步与对策》2016年第2期。

三　开放政府数据政策体系的外部环境

（一）制度环境

制度环境为开放政府数据政策提供了基本规范，其中制度的顶层设计为开放政府数据政策指明了发展方向。例如，党的十八届三中全会提出“推进国家治理体系和治理能力现代化”的总目标；国务院印发的《促进大数据发展行动纲要》指出，“大数据已成为提升政府治理能力的新途径”。在数据时代，政府分析数据、运用数据、依据数据，并将其融入治理的过程进行决策，已经成为推动政府治理现代化、提升政府治理能力的重要手段，为政府治理提供了新的范式，有效地推动了政府业务流程再造以及治理模式的变革。开放政府数据政策体系明确和强化了开放政府数据政策目标，通过协调不同层级政府部门之间以及政府部门与非政府部门等多元治理主体之间的关系，解决政策零散化、碎片化问题，促使政府部门的治理不断从局部走向全局、从分散走向集中、从碎片化走向整体化，实现政府数据资源的有机整合，提升开放政府数据政策制定的科学性，增强政府部门解决复杂的政治、经济、社会等方面问题的能力，为公民提供无缝隙的整体性政府公共服务，从而加强政府的协同治理和整体性治理，提升政府治理能力，实现共治善治，促进政府向整体政府和智慧政府转型。

（二）经济环境

经济环境为实施基于政府数据的创新驱动发展战略提供指导方针。例如，党的十八届五中全会提出“实施国家大数据战略”；“十三五”规划纲要中将“创新驱动发展”确定为国家战略；“十四五”规划纲要提出，要“加快数字化发展”。开放政府数据政策能够加大对政府数据的开发利用，充分挖掘政府数据资源中潜在的经济价值，促进基于政府数据的创新，加快数据产业和数字经济的发展，实现经济转型升级。开放政府数据政策围绕“实施国家大数据战略”，以推进大数据产业创新发展为核心，以推动政府数据开放共享、加强数据技术产品研发、深化数据应用创新为重点，以完善数据产业发展环境和数字技术提升安全保障能力为支撑，打造数据、技术、应用与安全协同发展的自主产业生态体系，全面提升我国大数据的资源掌控能力、技术支撑能力和价值挖掘能力，加快数据强国建设，有力支撑制造强国和网络强国建设。

（三）社会环境

社会环境是政府等开放政府数据政策主体与公众之间形成的关系网络，对公众的生存和发展产生重要作用。例如，党的十九届四中全会提出，“增强完善党委领导、政府负责、民主协商、社会协同、公众参与、法治保障、科技支撑的社会治理体系”。多元治理主体协同治理是创新社会治理体制的重要手段。公众对政府数据开放和参与社会管理的需求日益增加，开放政府数据政策赋予了公众参与解决社会问题的能力，公众不再只是公共服务的消费者，还可以成为合作者。企业、社会组织、公众等主体能够参与到社会治理过程中，提升了社会治理的开放度和主体平等化，增强了政府透明度，优化和完善了政府治理模式。政府等主体在进行数据治理过程中，企业、社会组织和公众等非政府主体对信息和数据的需求得到有效满足，有效保障了企业和公众的信息和数据权益，增强了数字民主。政府数据治理能够坚持“以人民为中心”的发展思想，有效促进政府治理理念向“善治”转变，使政府的治理方式由依赖经验转向依据数据，构建政府主导、公众参与、多元主体协同的治理模式，促进政府由传统政府向智慧型政府、从优位政府向等位政府的转型。

（四）技术环境

技术环境是指大数据等技术的发展和应用对社会发展和进步产生的作用。当前，新一轮科技革命和产业变革正在兴起，信息产业格局面临巨大变革。在大数据技术的推动下，信息技术正处于新旧轨道切换的过程中，分布式系统架构、多元异构数据管理等新技术、新模式快速发展，产业格局和技术发展正处在创新变革的关键时期。开放政府数据政策瞄准大数据技术发展前沿领域，强化创新能力、提高创新层次，引导和鼓励企业挖掘政府数据资源，大力发展数据采集、存储、分析和挖掘等关键技术，提升企业利用数据自主创新的能力，加强云计算、人工智能、区块链等技术研究与应用，围绕数据生命周期形成完整的数据产业链，发展壮大新兴大数据服务业态，加强大数据技术应用和商业模式的协同创新，培育市场化、网络化的创新生态。

（五）人文环境

人文环境是开放政府数据政策的文化变量，具体包括态度、观念、信仰、认知等。一方面，通过培育开放政府数据生态体系，提高政府部门工作人员对政府数据治理和政府数据开放的概念、原则、标准、价值、风险等方面的认识，提升政府数据开放的意识，营造政府部门工作人员、企业工作人员、社会公众广泛参与和利用开放政府数据进行政府数据治理的良好氛围；另一方面，通过积极鼓励和引导社会和公众利用数据表达社情民意、参与社会管理，提升社会和公众的数据创新力，形成以数据战略为指导，以建立数据资产意识为核心，以政府数据开放、共享和协同为关键，以提高政府数据质量、政府数据可用性和政府数据安全为目的，加快数据技术发展，加速数据价值转化，提升数据创新力，形成政府、社会组织、企业、公众多元主体协同共治的政府数据治理格局。

第二节 政策协同的运行机理

根据哈肯的观点，协同是系统中各子系统相互竞争、协调、合作、同步的联合作用或集体行为。[①] 因此，政策协同是一种整体效应，是指政策体系内部要素、子系统之间在系统结构与要素行为关联之下竞争、协作的过程中通过相互作用而达成的某一种一致行为的方式。因此，本

① 汪霞：《嵌入与协同：公共政策执行动力源研究》，中国社会科学出版社，2015，第35页。

研究主要从政策协同的要求、动力和机制三个方面解析政策协同的运行机理。

一 政策协同运行的作用原理

（一）协同效应是政策体系构建的本质要求

根据协同学的协同效应，协同效应是政策体系有序结构形成的内驱力。一个复杂的政策体系，当在外来能量的作用下或物质（包括信息和数据）的聚集态达到某种临界值时，子系统之间就会产生协同作用。这种协同作用能使政策体系在临界点发生质变产生协同效应，使政策体系从无序变为有序，从混沌中产生某种稳定结构。从结构来看，政策动力是政策主体（政府部门、社会组织、企业和公众）在特定的社会结构（包括制度结构和关系结构）中相互竞争和协作中产生的、推动政策目标实现的合力。

（二）序参量是决定政策体系行为的决定因素

根据协同学的伺服原理，序参量是协同学用来描述一个系统的宏观有序程度的概念，整个政策体系和其他变量的行为是由序参量的行为决定的，政策体系在序参量的主导作用下有组织、有规则地运行。序参量是政策子系统集体协同运动的产物和合作效应的量度。但序参量的支配作用并不是绝对的，各种子系统及其参量对序参量也有反作用。[①] 序参量是大量子系统集体运动增进宏观整体模式有序程度的一个参考量，是系统中子系统相互竞争和协作的产物。序参量一旦形成，就支配、主宰子系统的演化。支配是子系统在互相竞争协作、伺服序参量过程中巩固序参量的状态和过程。在一个复杂的系统中，各个子系统的力量是不均衡的，其中处于被支配地位的要素会按照序参量形成的结构和规则运动，就像是一只“看不见的手”指引着系统的运动方向。形成的规则支配着要素的运行状态，而被抑制的要素表现出伺服序参量的运动状

① 周莹、刘华：《知识产权公共政策的协同运行模式研究》，《科学学研究》2010年第3期。

态。一旦在竞争与合作中有新的要素突破现行运行规则，现有的秩序会被打破，新的序参量形成。新的支配和伺服过程又会出现。[①]

（三）自组织是政策体系有序的驱动力量

协同学理论认为，一个系统、社会、组织或生物群落的演化动力源于系统内部要素之间的相互竞争和协作产生的合力；一个系统的演化动力不仅源于该系统中的各个组成要素，也取决于这些要素之间相互作用的连接点、连接方式和连接结构，因此，要在不同层级要素之间的相互作用和运动演化过程中分析上一层次的连接模式及其呈现的结构和轮廓。[②] 根据协同学的自组织原理，政策体系可以在一定的外界条件下，利用外部被组织动力（外部推动力），促进政策体系内部产生自我组织动力（内部驱动力），并通过各种形式的信息反馈来控制和强化这种组织的结果，使具有相对独立、自主、自治和自利能力的各政策子系统能相互默契地协同工作，实现共同的终极目标，这种自组织能力推动政策体系从无序向有序发展演化。

（四）政策协同的运行机制

根据协同学的理论，序参量选择和管理是把握政策体系的发展方向的途径，对序参量的选择和管理，可以影响政策体系向预期的方向和目标发展；建立政策协同运行机制是提升政策体系有序程度的手段，通过政策协同机制可以促进政策体系的自组织形成，并使这种自组织能力成为政策体系从无序到有序转变的驱动力量；各政策子系统的信息交流是提高政策体系有序程度的基础，各政策子系统应与其他子系统始终保持信息交换并与其他子系统所共同构成的外部环境相适应才能保证政策体系的有效运行。

基于协同学、系统论和治理理论的思想，政策体系协同机制包含理

① 汪霞：《嵌入与协同：公共政策执行动力源研究》，中国社会科学出版社，2015，第16页。

② 汪霞：《嵌入与协同：公共政策执行动力源研究》，中国社会科学出版社，2015，第31页。

念协同、目标协同、主体协同、客体协同、工具协同等方面内容。其中，政策主体子系统（包括政府、社会组织、企业、公众等）在“善治”理念的引领下，为提升实现政策体系效能的目标，政策运行子系统通过协调运用各种政策工具（如法律、政策、技术等），与政策客体子系统之间产生相互影响和相互作用，产生了政策体系的协同效应，如图 4-1 所示。

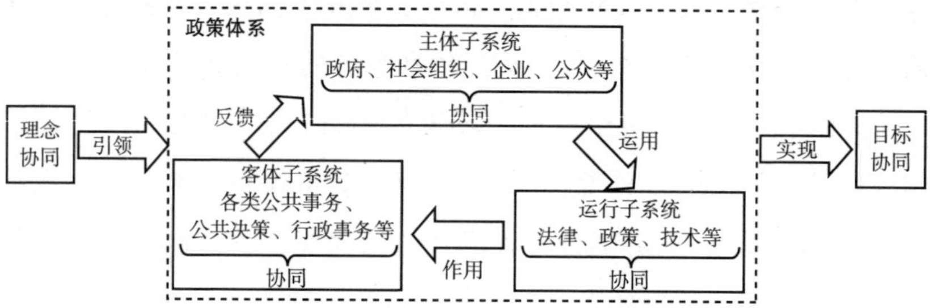

图 4-1　政策体系协同运行机制

二　政策协同运行的影响因素

（一）内在影响因素

从政治制度视角来看，政策体系的内在协同运行的影响因素可分为纵向阻滞、横向阻滞、政策集中、信任缺失等四个方面。政治体制的结构性分层导致政策纵向主体存在治理逻辑的差异，导致政策目标的分化和背离，从而产生了政策协同的纵向阻滞问题。政策协同横向阻滞则主要是由于缺乏政策协同的评价标准和协调机制。政策集中化以及对应的法律、权限和治理结构的碎片化，都会给政策协同带来较大局限性。体制背后的信任缺失也是影响政策体系协同运行的因素，有时政策协同失败的关键因素并非固有的政策冲突，而是政策主体对彼此政策选择缺乏信心。①

① 周英男、柳晓露、宫宁：《政策协同内涵、决策演进机理及应用现状分析》，《管理现代化》2017 年第 6 期。

（二）外部影响因素

除政治制度对政策的内生影响外，政策的外部性问题也是影响政策协同的重要因素。各级政府部门规模不对等、政策形势分歧等都会加剧政策外部性效应，阻碍政策协同的实现。政策外部性主要从三个方面影响政策体系的协同运行：一是政府间的政策外部性，即一个政府部门的政策行为对另一个政府部门的影响；二是政策间的政策外部性，如不同政策之间的功能、长短期效应间的摩擦；三是政策的制定和实施所导致利益群体外部性。①

三　政策协同运行的理想状态

所谓协同，不意味着单纯通过组织合并为一个部门来实现外部问题的内部化，更多的是强调建立一种机制，能够让各层级的政府部门通过一种整合机制来有效推动政策的实现，这种协同过程对每个政府部门来说并不一定是最优的，却可以通过达成共识，形成彼此认同的方案并有效执行。政策协同的要义在于允许不同政府部门对各自部门的观点和利益进行合理主张，通过相关机制的构建，将不同部门之间的态度、利益和偏好有机结合，寻找系统优化的最佳结合点。② 政策协同的核心是通过将组织内部与组织之间的关系、结构、功能的优化组合和系统改进实现政策体系的整体优化和效能提升。

第三节　开放政府数据政策协同机理

开放政府数据政策协同机理可以主要从子系统内部协同和子系统之间的协同两个维度来探析其协同机理。

---

① 周英男、柳晓露、宫宁：《政策协同内涵、决策演进机理及应用现状分析》，《管理现代化》2017 年第 6 期。

② 蔚超：《政策协同过程研究：以当代中国食品安全政策为例》，天津人民出版社，2019，第 55 页。

一　开放政府数据政策协同的内涵解析

开放政府数据政策是由多个与政府数据政策相互关联、相互影响、相互作用的子系统组成的开放性政策体系，子系统内部的政策主体是相互配合和支持而不是互相排斥、政策客体是相互影响和作用而不是各自孤立、政策工具是科学和高效而不是相互冲突，对政策目标和政策效率的实现具有重要影响。

对开放政府数据政策的研究包含三个维度：横向维度侧重于开放政府数据政策在不同系统和部门之间的相互协调和配合；纵向维度强调开放政府数据政策制定主体通过政策制定—实施—效果作用于政策客体的动态过程；时空维度旨在确保开放政府数据政策在某一时期某个范围内的可持续性和效力。基于政策协同的运行机理解析，本研究从纵向维度解析开放政府数据政策，分别从目标协同、工具协同、运行协同等角度进行分析，具体包括政策主体子系统、政策运行子系统、政策客体子系统三个部分，如图 4-2 所示。

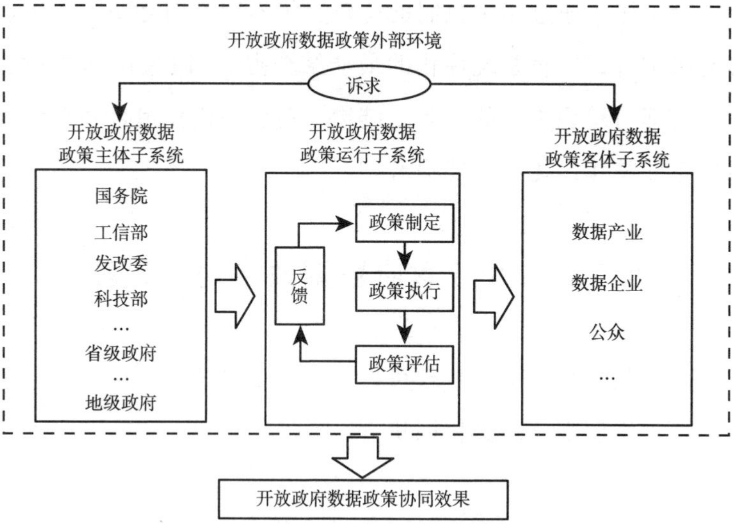

图 4-2　开放政府数据政策内部子系统划分

二　开放政府数据政策协同的运行机理

开放政府数据政策由多个子系统组成，开放政府数据政策协同效能既取决于各子系统内部要素之间的协同又受到各子系统之间协同作用影响。政策主体之间协同互动、政策措施均衡配置，才能保证开放政府数据政策的良性运行，发挥政策协同效应。通过对开放政府数据政策的解析，从子系统内部要素协同、子系统协同两个方面对我国开放政府数据政策协同运行机理进行分析，如图 4-3 所示。

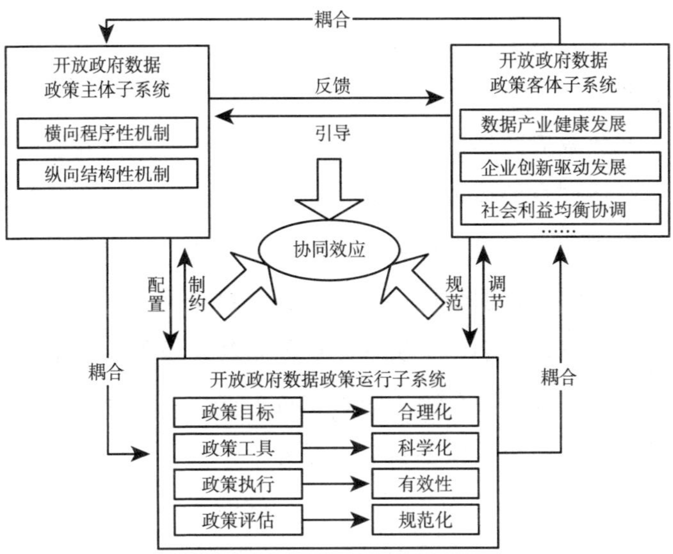

图 4-3　开放政府数据政策协同的运行机理

（一）开放政府数据政策子系统的内部协同

其一，开放政府数据政策主体子系统的内部协同。我国开放政府数据政策的重点在于通过引导政府数据的开放、开发、创新，促进数据产业和数字经济发展，政策主体包含工信部、国家发改委、商务部、科技部、财政部等政府部门以及各省（自治区、直辖市）、市（地）政府。开放政府数据政策主体子系统协同包含两个层面。一是横向部门之间的协同。政府内部机构通过建立横向程序性协同机制（如建立部际联席会议制度）掌握数据产业、数据企业的差异化政策诉求，以创新能力建设为核心，通过对数据、技术、资本等要素的协调，增强数据企业的创新能力与适应能力，并配置相应的开放政府数据政策目标和措施。二是纵向部门之间的协同。国家—省（自治区、直辖市）—市（地）—县（区）—乡（街道）各级政府部门通过建立纵向结构性协同机制（如设立专门的数据管理部门），加大对大数据发展政策的衔接力度，及时根据国家数据战略，制定并实施本地区、本领域、本系统的相关执行方案，落实宏观战略和政策，完善与充实本地区、本领域、本系统的专项政策，尤其是数据技术引导政策与数据市场培育政策等，形成协同发展合力。

其二，开放政府数据政策客体子系统的内部协同。开放政府数据政策客体子系统协同主要体现为数据产业、数据企业和社会公众三方面的协同。一是促进和引导数据产业与数字经济快速、健康发展，培育新兴业态，实现经济结构转型升级；二是加强对数据企业产品的保护，激励企业依据政府数据进行创新，实现企业创新驱动发展；三是满足数据社会整体利益需求，保障公众个人隐私和数据安全，实现企业利益与社会利益相协同，推动社会整体创新能力提升。

其三，开放政府数据政策运行子系统的内部协同。开放政府数据政策运行子系统协同是指确定政策目标、运用政策工具、推动政策执行、评估政策效果等政策运行过程协同。

一是明确开放政府数据政策协同目标。改变强调政府数据开放数量增长的政策目标，替代为对接数据产业创新链布局的开放政府数据政策目标，在前端配置政府数据开放和共享的政策目标，助推数据产业布局与发展；在中端配置高价值政府数据开发和创新的政策目标，形成支撑数据产业竞争力提升的高价值政府数据集组合；后端配置政府数据产权和收益的政策目标，成立政府数据开发联盟，探索政府数据产品资本化运作，支撑数据产业市场竞争力提升，从而最终实现政府数据开发与产业创新发展的协同互动。

二是协同运用开放政府数据政策工具。政策目标的实现需要协同配置政策工具：通过财政扶持、税收优惠等供给型政策工具，支撑数据产业创新资源投入；通过配置多元主体合作、政府采购等需求型政策工具，形成数据产业创新链条等良性循环；通过配置数据产品知识产权保护、数据标准设定、政府数据开放平台建设、数据产品风险预警等环境型政策工具，促进数据产业创新成果转化运用。

三是推动开放政府数据政策协同执行。加强针对各级政府部门关于开放政府数据政策协同实施计划以及协同责任的引导，减少共同事权和新增事权，避免争夺利益或推诿责任，降低开放政府数据政策执行过程中的负外部性。公布开放政府数据责任清单、权利清单、负面清单，通过内部考核、社会评估等手段实施问责机制，强化对开放政府数据政策协同运行的过程监控、结果管理和后果追责，倒逼开放政府数据政策执行主体责任的落实，以确保开放政府数据协同运行的利益协调和政策落实的全覆盖。

四是评估开放政府数据政策的效能。一方面，要明确牵头部门与参与部门的职权分工，制定工作考核责任机制；另一方面，要求各部门制定统一的评估标准，保证在政策运行过程中不会偏离国家顶层设计总目标，同时要避免过度关注部门利益的评估标准，凸显政策体系与其他政策之间相互协同的政策绩效。[①]

（二）开放政府数据政策子系统之间的协同

在实现开放政府数据政策的各子系统内部要素协同的基础上，通过政策主体子系统、政策客体子系统、政策运行子系统相互耦合，实现开放政府数据政策体系的整体协同运行。开放政府数据主体子系统通过互动沟通了解数据产业、数据企业、公众对政府数据的诉求以及整合各政

① 杨晨、王杰玉：《系统视角下知识产权政策协同机理研究》，《科技进步与对策》2016 年第 2 期。

府部门政策资源，确立合理的政策目标，优化配置政策工具，为其他子系统的协同运行提供组织保障。开放政府数据政策运行子系统按照政策主体制定的目标，通过政策执行满足政策客体的利益诉求，为开放政府数据政策协同的动态演进提供功能保障。开放政府数据政策客体子系统通过反馈将利益诉求传回政策主体，为政策主体完善政策内容提供方向。例如，我国大数据战略制定实施的背景是我国与发达国家的大数据开放程度、技术运用、创新能力等还存在一定差距，为此国家网信办协同相关部门制定了以加强信息资源开发利用保护为政策价值取向的一系列扶持政策，有力地推动了政府信息资源的开发利用。近年来，国家层面已经意识到，政府数据开放的数量和质量对数据产业健康快速发展以及数据企业创新能力提升具有重要影响。因此，我国开始加强数据强国建设战略的贯彻落实，将开放政府数据政策的着力点由强调政府数据开放数量转向注重政府数据开发利用效能和经济效益，强化开放政府数据政策与数据产业和数字经济发展的深度融合，实行政府数据导航产业发展、延伸数据产业链条等政策措施，使开放政府数据政策对促进数据产业和数字经济发展由“水中月”变成“顶梁柱”。①

（三）开放政府数据政策体系与外部环境之间的协同

随着数据产业和数字经济的快速发展，政府数据已经成为重要的生产要素，为数据产业和数字经济的创新发展提供了基础，并且夯实了数据企业的市场竞争实力。政府数据成为产业成功转型的重要条件，同时也是国家提升创新能力的条件支撑与掌握经济发展主动权的核心要素。基于此，我国提出“建设数字强国”的战略目标，对国家实施创新性发展提供条件保证。党的十八届五次全会提出，“实施网络强国战略，实施‘互联网+’行动计划，发展分享经济，实施国家大数据战略”。要完成这一战略目标，首先要在开放政府数据政策的制定和实施环节提升其对数据产业和数字经济发展的贡献，通过形成涵盖创新、产业和服

① 洪伟达、马海群：《我国开放政府数据政策协同机理研究》，《情报科学》2020 年第 5 期。

务等领域的协同政策，强化开放政府数据政策与数据产业和数字经济发展的相互融合，最终实现产业链、创新链和服务链的有机融合。

在开放政府数据日益渗透到政治、经济、社会和文化发展的各个领域、各个环节的背景下，开放政府数据政策体系的内部复杂性和外界关联性还将日益强化。开放政府数据政策体系在对内部子系统和要素进行优化配置的同时，子系统也对外部环境进行充分利用，当其他要素或外部环境发生变化时，因势利导地选择适当的要素投入完成整体的“质变”。

三 开放政府数据政策协同的理想状态

开放政府数据政策体系协同运行模式，是将协同学的基本原理运用于开放政府数据政策体系这个复杂系统的构建、运行和管理中的一种高效的政策运行模式。与传统模式相比，开放政府数据政策协同运行模式更注重宏观政策所体现的序参量管理以及决策部门之间的信息和数据交互流动，强调借助政策协同机制使各政策子系统和要素之间相互作用和影响形成政策协同效应，进而产生政策体系的自组织，使整个系统实现从无序到有序的转变。开放政府数据政策体系的着力点是强调制定与实施过程中各类政策之间的协同：各政策子系统之间相互协同配合，共同围绕目标齐心协力地运作，产生政策的协同效应。开放政府数据政策协同运行应将政策体系效能的提升作为最终目标和衡量标准，即通过序参量选择和管理以及协同机制的建立，实现政策子系统之间的相互配合和相互作用，达到协同效应的目的，进而产生一种在结构、功能等方面远远超过原有政策体系的具有新功能的政策体系。①

① 周莹、刘华：《知识产权公共政策的协同运行模式研究》，《科学学研究》2010 年第 3 期。

第五章　我国开放政府数据政策协同的实证分析

对我国现有代表性的开放政府数据政策文本的协同状况进行实证分析，有利于展现我国开放政府数据政策协同的发展和演变，从而进一步剖析目前我国开放政府数据政策协同存在不足及原因。

第一节　我国开放政府数据政策文本测量

对我国开放政府数据政策文本进行编码和量化，明确政策协同的测量标准，构建计量模型，可为后续对我国开放政府数据政策文本协同演变状况的分析提供基础。

一　文本来源

本研究中的开放政府数据政策主要是指，我国各级政策主体对开放政府数据的环境（如经济社会科技等方面的总体规划、政府网站和开放平台的建设等）、内容（如政府数据的开放、共享、利用、安全等）、应用（如政府行政改革转型、大数据技术的应用推广、数据产业和经济的发展等），做出规范性要求的法律法规和政策文件。

（一）文本搜集

本研究从国务院政策文件库、各级政府部门门户网站和政府数据开放平台上检索开放政府数据的相关政策，使用检索词“政府数据”进行全文检索，检索时间为：2020 年 12 月 20 日至 2021 年 1 月 10 日。政策文本的来源主要是中共中央和国务院及其办公厅、中共中央和国务院的组成机构、省级行政区（不含港澳台地区）的党委和政府出台的有关开放政府数据的相关政策。

（二）文本剔除

本研究对不符合研究要求的政策文本进行人工剔除，剔除标准为：剔除涉及政府数据，但主要针对具体领域、具体问题的政策，如就业、环境、创新、交通、健康等领域；落实前期政策提出目标的年度工作要点等。剔除的文本有：《国务院关于大力推进大众创业万众创新若干政策措施的意见》《关于印发贫困地区健康促进三年攻坚行动方案的通知》《陕西省人民政府办公厅关于印发 2019 年“放管服”改革和“一网通办”工作要点的通知》等 113 项。

（三）文本整理

经过对文本的搜集、整理和剔除，最终梳理出国家级、部委级、省级三个层级关于开放政府数据政策共 617 项，作为本研究的样本数据，如表 5-1 所示。需要指出的是，虽然党中央和国务院下属部委与省级行政区的行政级别同为部级，部委管理的国家局行政级别为副部级，但其发布的政策对全国某一领域具有指导和规范意义，作用范围相比于省级行政区政策大，因此将各部委局的政策进行单独统计。其中，政策主体包括参与政策制定的中共中央、国务院及其办公厅，中央网信办、国家发展和改革委员会、工业和信息化部、科技部、民政部、教育部、人力资源和社会保障部、自然资源部、环境保护部、住房和城乡建设部、交通运输部、水利部、农业农村部、文化和旅游部、公安部、司法部、最高人民法院、国家卫生健康委员会、银保监会、国家统计局、国家市场监管总局、国家林业和草原局、国家邮政局、国家知识产权局、国家药监局、国家粮食和物资储备局、国家医疗保障局、国家中医药管理局等 28 个部委局，31 个省级行政区（不含港澳台地区）的党委政府。

表 5-1　我国开放政府数据政策层级和数量分布

单位：项

层级	国家级	部委级	省级	总计
数量	46	60	511	617

文本类型主要包括法规、决定、规定、规划、计划、办法、指南、方案、纲要、规范、标准、细则等，主要出现在政府信息公开、政务信息资源共享、大数据、“互联网+”、智慧城市等相关领域的法规政策中，如表 5-2 所示。

表 5-2　我国开放政府数据相关政策法规工具分布

单位：项

级别	法规	规定	决定	办法	建议	标准	指南	细则	方案	通知	规划	规范	意见	纲要	计划
国家级	0	1	2	2	1	0	2	1	5	2	3	0	23	4	0
部委	0	0	0	1	0	1	4	1	11	12	4	1	21	1	3
省级	3	2	0	61	0	5	6	7	192	38	33	3	128	2	31
总计	3	3	2	64	1	6	12	9	208	52	40	4	172	7	34

二　测量标准

政策的本质是政策主体依据其理念和价值，利用不同政策工具进行配置，以实现预定的政策目标。目标性共识（价值一致的政策目标）、结构性规划（联合行动的政策主体）和程序性操作（协调匹配的政策工具）是政策运转与政策协同的重要影响因素。① 因此，本研究将从政策目标、政策工具和政策强度三个维度对我国开放政府数据政策进行量化。通常，政策主体的级别越高，其颁布政策的影响范围和发挥的效力越大，在政策强度上的得分也较高。但是，由于其对行为主体的影响较为宏观，因此在政策工具和政策目标上的得分往往相对较低；与之相反，政策主体的级别越低，其颁布的政策虽然效力相对较小，政策强度得分较低，但对行为主体的影响较为明确，在政策工具和政策目标方面的得分反而较高。② 因此，通过对政策目标、政策工具和政策强度三个维度的量化来计算政策协同度，可以有效弥补单一指标在测量政策内容效度上的缺陷，较为准确地反映开放政府数据政策的内容效度。

（一）政策强度

政策强度是描述政策法律效力的指标。本研究在参考国务院《规章制定程序条例》和相关研究的基础上，根据政策类型和政策颁布机构的级别，分别赋予 1~5 的数值。得分越高，表明政策强度越大，如表 5-3 所示。

表 5-3　我国开放政府数据政策强度量化标准

得分	量化标准
5	全国人大及其常务委员会颁布的法律法规
4	党中央、国务院颁布的决定、规定、意见、办法、方案、指南、纲要、规划、计划、规范、标准、细则、通知等
3	党中央和国务院构成部门颁布的决定、规定、意见、办法、方案、指南、纲要、规划、计划、规范、标准、细则、通知等
2	各省级行政区人大及其常务委员会颁布的地方性法规
1	各省级行政区党委和政府颁布的决定、规定、意见、办法、方案、指南、纲要、规划、计划、规范、标准、细则、通知

① 朱光喜：《政策协同：功能、类型与途径——基于文献的分析》，《广东行政学院学报》2015 年第 4 期。

② 张国兴、高秀林、汪应洛、郭菊娥、汪寿阳：《中国节能减排政策的测量、协同与演变——基于 1978~2013 年政策数据的研究》，《中国人口·资源与环境》2014 年第 12 期。

（二）政策目标

政策目标（Policy Goal）是决策者希望通过政策的实施所要实现的效果与目的，其不仅指决策者选择合适的政策工具，也为后续的政策评估提供判断基准。[①] 政策目标的明确性、针对性、合理性、可执行性和具体性等是保障良好政策执行效果的关键要素。本研究根据《国务院关于印发促进大数据发展行动纲要的通知》等相关文件以及参考其他领域相关研究[②]的基础上，对开放政府数据政策目标进行分解，将开放政府数据政策的主要政策目标确定为优化政府治理、促进经济发展、创新民生服务等三个方面12个子目标，根据政策主体对目标的态度、措施、作用的大小，分别赋予1~5分的数值。得分越高，表明政策主体的态度越强硬、措施越明确、作用越明显，如表5-4所示。

（三）政策工具

政策工具（Policy Tool）是指政策主体制定和实施政策时为实现既定目的而运用的方法和手段。本研究根据罗伊·罗斯韦尔（Rothwell）和沃尔特·泽哥菲尔德（Zegweld）对政策工具的分类，将开放政府数据政策工具分为供给型政策工具、需求型政策工具、环境型政策工具三大类18个子工具，根据政策工具的详细程度和执行力度等，分别赋予1~5分的数值，得分越高，表明政策工具制定越详细、执行力度越高，如表5-5所示。

① 陈振明：《公共政策分析》，中国人民大学出版社，2003，第15页。

② 张国兴、高秀林、汪应洛、郭菊娥、汪寿阳：《中国节能减排政策的测量、协同与演变——基于1978~2013年政策数据的研究》，《中国人口·资源与环境》2014年第12期；彭纪生、仲为国、孙文祥：《政策测量、政策协同演变与经济绩效：基于创新政策的实证研究》，《管理世界》2008年第9期。

表 5-4　我国开放政府数据政策目标量化标准

<table>
<tr><th>政策目标</th><th>子目标</th><th>得分及量化标准</th></tr>
<tr><td rowspan="4">优化政府治理</td><td>治理：提升政府治理能力，增加政府的开放度、透明度和包容度，通过政府数据开放共享、开发利用推进服务型政府建设</td><td rowspan="12">5 分：明确提出并单独列出政策子目标和任务条款中一个或多个，制定了详细的行动方案，并具有明确的实施主体和保障措施，产生明显的推动作用；
4 分：提出并单独列出政策子目标和任务条款中一个或多个，制定了较为详细的行动方案，并具有实施主体和保障措施，产生一定推动作用；
3 分：没有单独列出的政策目标和任务条款，但政策内容明确表达了以上一个或多个目的，并有较为详细的行动方案；
2 分：没有单独列出的政策目标和任务条款，但政策内容表达了以上一个或多个目的，并有行动方案；
1 分：没有明确表达以上目的，仅涉及上述条款，未出台相关措施、办法</td></tr>
<tr><td>制度：加快具有中国特色、符合国情实际的开放政府数据法律制度建设，形成公共数据资源合理、适度、高效、安全的法律框架、政策体系和管理机制、技术标准</td></tr>
<tr><td>效能：提升政府行政效益和效能，加快政府数据共建共享，增强政府部门之间以及政府部门与非政府部门之间的相互协调，助力行政体制改革，减少行政成本</td></tr>
<tr><td>安全：维护国家数据主权和数据安全，保障国家安全、公共利益和个人隐私</td></tr>
<tr><td rowspan="4">促进经济发展</td><td>开发：推动数据要素市场化配置，带动企业、社会和公众针对政府数据开展公益性、增值性、创新性的开发和应用，释放政府数据红利</td></tr>
<tr><td>产业：加快数据产业和数字经济发展，促进传统产业转型升级与数据产业等新兴产业的融合发展，培育面向全球的骨干企业和特色鲜明的创新型数据企业</td></tr>
<tr><td>监管：提升政府对经济领域数据资源的获取和利用能力，提升宏观调控、产业发展、信用体系、市场监管等方面的管理效能，实现对经济运行更为准确的监测、分析、预测、预警，提高决策的针对性、科学性和时效性</td></tr>
<tr><td>生态：建立安全可信的大数据技术体系，构建政产学研用多方联动、协调发展的大数据产业生态体系</td></tr>
<tr><td rowspan="4">创新民生服务</td><td>开放：增加政府数据开放共享的广度和深度，在重要领域实现公共数据资源合理适度向社会开放</td></tr>
<tr><td>需求：利用大数据、云计算、人工智能等技术精准洞察民生需求，构建“以人民为中心”的政府服务文化</td></tr>
<tr><td>服务：运用政府数据加快公共服务中的创新应用，推动公共服务向基层延伸，形成公平、普惠、便捷、高效的智慧民生服务体系</td></tr>
<tr><td>参与：扩大公民在社会治理中的参与度，增强公民参与政治事务的能力，加强公民的自我组织，构建多元治理模式</td></tr>
</table>

表 5-5　我国开放政府数据政策工具量化标准

政策工具类型	子工具	得分及量化标准
供给型政策工具	基础设施	5 分:从多方面、多角度制定措施,内容详细具体; 4 分:从多方面、多角度制定措施,内容较为详细具体; 3 分:从某几方面给予支持,内容较为具体;或从某一方面给予支持,内容详细具体; 2 分:仅从某几方面或一方面的态度上表明积极运用相关措施,但未制定具体内容; 1 分:仅从某几方面或一方面的态度上表明运用相关措施,但未制定具体内容
	公共服务	
	规范标准	
	资金投入	
	教育培训	
	人才培养	
需求型政策工具	政府采购	
	服务外包	
	企业经营	
	鼓励引导	
	应用示范	
	交流合作	
环境型政策工具	法规管制	
	行政推动	
	金融扶持	
	税收优惠	
	考核监督	
	安全保障	

三　文本量化

通过运用 Excel 和 NVivo12，对搜集到的开放政府数据相关政策进行编码、量化和计算。

（一）编码

将每项政策中的最小段落定义为一个分析单元，单元编号按照政策内容所在的章节号—序列号。根据我国开放政府数据政策目标和工具的量化标准，筛选和匹配每个分析单元的内容，选出符合要求的分析单元，分配相应的政策目标或政策工具编号，即政策编码方式采用政策编号—单元编号—政策目标编号或者政策编号—单元编号—政策目标编号/政策工具编号的格式，如表 5-6、表 5-7 所示。

表 5-6　我国开放政府数据政策目标及编码

政策目标	子目标	编号
优化政府治理	治理:提升政府治理能力,增加政府的开放度、透明度和包容度,通过政府数据开放共享、开发利用推进服务型政府建设	111
	制度:加快具有中国特色、符合国情实际的开放政府数据法律制度建设,形成公共数据资源合理、适度、高效、安全的法律框架、政策体系和管理机制、技术标准	112
	效能:提升政府行政效益和效能,加快政府数据共建共享,增强政府部门之间以及政府部门与非政府部门之间的相互协调,助力行政体制改革,减少行政成本	113
	安全:维护国家数据主权和数据安全,保障国家安全、公共利益和个人隐私	114
促进经济发展	开发:推动数据要素市场化配置,带动企业、社会和公众针对政府数据开展公益性、增值性、创新性的开发和应用,释放政府数据红利	121
	产业:加快数据产业和数字经济发展,促进传统产业转型升级与数据产业等新兴产业的融合发展,培育面向全球的骨干企业和特色鲜明的创新型数据企业	122
	监管:提升政府对经济领域数据资源的获取和利用能力,提升宏观调控、产业发展、信用体系、市场监管等方面的管理效能,实现对经济运行更为准确的监测、分析、预测、预警,提高决策的针对性、科学性和时效性	123
	生态:建立安全可信的大数据技术体系,构建政产学研用多方联动、协调发展的大数据产业生态体系	124
创新民生服务	开放:增加政府数据开放共享的广度和深度,在重要领域实现公共数据资源合理适度向社会开放	131
	需求:利用大数据、云计算、人工智能等技术精准洞察民生需求,构建“以人民为中心”的政府服务文化	132
	服务:运用政府数据加快公共服务中的创新应用,推动公共服务向基层延伸,形成公平、普惠、便捷、高效的智慧民生服务体系	133
	参与:扩大公民在社会治理中的参与度,增强公民参与政治事务的能力,加强公民的自我组织,构建多元治理模式	134

表 5-7　我国开放政府数据政策工具及编码

政策工具类型	子工具	编号
供给型政策工具	基础设施	211
	公共服务	212
	规范标准	213
	资金投入	214
	教育培训	215
	人才培养	216
需求型政策工具	政府采购	221
	服务外包	222
	企业经营	223
	鼓励引导	224
	应用示范	225
	交流合作	226
环境型政策工具	法规管制	231
	行政推动	232
	金融扶持	233
	税收优惠	234
	考核监督	235
	安全保障	236

（二）打分

在统一打分标准的基础上，将聘请的 3 名研究人员分成 3 组分别对政策目标和政策工具进行打分。如果某一项政策设定了多个目标、使用了多种工具，将根据量化标准分别进行打分。如果在打分过程中出现疑问，则由 3 名人员共同讨论决定。各组完成打分之后，邀请开放政府数据政策领域的专家对打分结果进行审核，如表 5-8 所示。

表 5-8 我国开放政府数据政策样本编码及量化打分样表

<table>
<tr><th>文本编号</th><th>文本名称</th><th>单元编号</th><th>文本内容</th><th>编码</th><th>政策强度</th><th>政策目标</th><th>政策工具</th></tr>
<tr><td rowspan="3">1001</td><td>《关于促进电子政务协调发展的指导意见》</td><td>1001-1</td><td>利用5年左右时间,统一规范的国家电子政务网络全面建成;网络信息安全保障能力显著增强;信息共享、业务协同和数据开放水平大幅提升;服务政府决策和管理的信息化能力明显提高;政府公共服务网上运行全面普及;电子政务协调发展环境更加优化。经过努力,电子政务在国家治理体系和治理能力现代化建设中发挥重要作用</td><td>1001-1-113</td><td>4</td><td>4</td><td></td></tr>
<tr><td>……</td><td>……</td><td>……</td><td>……</td><td>……</td><td>……</td><td>……</td></tr>
<tr><td></td><td>1001-2</td><td>开展电子政务绩效评估。切实发挥绩效评估的导向作用,引导电子政务健康发展。推动建立考核评价体系,由发展改革、财政、审计等部门对相关电子政务项目进行专项评估,并与现有项目管理手段相衔接,作为系统运维和后期建设投资的重要参考,避免重复建设和盲目投资;各地区各部门从成本效益、应用效果、协同共享、安全保密、创新服务等方面提出评估指南,开展电子政务绩效自我评估;探索开展第三方评估</td><td>1001-2-235</td><td>4</td><td></td><td>3</td></tr>
<tr><td>……</td><td>……</td><td>……</td><td>……</td><td>……</td><td>……</td><td>……</td><td>……</td></tr>
</table>

（三）计算

首先，计算政策工具内部子目标或子工具的最后得分，如果某一项政策中存在一项子目标或子工具有多个得分的情况，此时该项政策相应内部子工具的最后得分为多个分值的算术平均数。其次，计算每类政策目标或政策工具的最后得分，每项政策中政策目标或政策工具最后得分为其所含内部子目标或子工具最后得分的算术平均数。最后，将各组打分结果的算术平均数作为政策目标和政策工具的量化结果。

四　计量模型

（一）政策效力测度模型

由于政策强度是反映政策效力大小的指标，政策工具是描述政策所使用手段的指标，政策目标是描述政策所实现目的的指标，一般而言，政策的强度越大、实现的目标越明确、使用的工具越具体，其总效力就越高。因此，本研究将利用式（1）计算各年度开放政府数据政策的总效力，利用式（2）计算各年度开放政府数据政策的平均效力。

$$YTPE_i = \sum_{j=1}^{N} pe_j \times pt_j \times pg_j, i = [2012, 2020] \tag{1}$$

$$YPE_i = \frac{\sum_{j=1}^{N} pe_j \times pt_j \times pg_j}{N}, i = [2012, 2020] \tag{2}$$

其中，$YTPE_i$ 表示第 i 年政策的总效力，YPE_i 表示第 i 年政策的平均效力，N 表示第 i 年的政策数量，pe_j表示第 j 条政策的政策强度得分，pt_j表示第 j 条政策的政策工具总得分，pg_j表示第 j 条政策的政策目标总得分。

（二）政策目标协同测度模型

政策目标协同是反映一项政策实现多个目标的状况，通常政策强度越大，同一条政策实现的各个目标越明确，政策目标协同的协同状况越好。因此，本研究主要参考彭纪生等科技政策协同度的度量模型，[①] 利用式（3）计算各年度开放政府数据政策目标的协同度。

$$SPG_i = \sum_{j=1}^{N} pe_j \times pg_{jm} \times pg_{jn}, m \neq n, i = [2012, 2020] \tag{3}$$

其中，SPG_i表示第 i 年开放政府数据政策的政策目标协同度，N 表示第 i 年颁布的政策总量，pe_j表示第 j 条政策的政策强度得分，pg_{jm} 和 pg_{jn}表示第 j 条政策中第 m 和 n 项政策目标的得分，其中 m 和 n（$m \neq n$）

---

① 彭纪生、仲为国、孙文祥：《政策测量、政策协同演变与经济绩效：基于创新政策的实证研究》，《管理世界》2008 年第 9 期。

分别表示从优化政府治理、促进经济发展、创新民生服务等 3 项目标中选取 2 项目标来考察目标协同。

(三) 政策工具协同测度模型

政策工具协同是描述一项政策使用多个工具的情况，通常政策强度越大，同一项政策使用的各个工具越具体，政策工具的协同情况越好。本研究利用式（4）计算各年度开放政府数据政策工具的协同度。

$$SPT_i = \sum_{j=1}^{N} pe_j \times pt_{js} \times pt_{jt}, s \neq t, i = [2012, 2020] \quad (4)$$

其中，SPT_i 表示第 i 年开放政府数据政策的政策工具协同度，N 表示第 i 年颁布的政策总量，pe_j 表示第 j 条政策的政策强度得分，pt_{js} 和 pt_{jt} 分别表示第 j 条政策中第 s 和 t 项政策工具的得分，s 和 t（$s \neq t$）分别表示从供给型、环境型、需求型政策工具中选择 2 项考察政策工具协同。

第二节 我国开放政府数据政策协同状态分析

本研究通过构建包括政策主体—政策目标—政策工具三个维度在内的政策协同分析框架，选取我国 2012～2020 年省级以上开放政府数据的政策文本，对政策协同演变状态开展深入的实证分析。

一 我国开放政府数据政策主体协同分析

(一) 政策主体状态分析

随着大数据技术的发展以及开放政府运动的兴起，我国各级党委和政府从 2012 年开始相继出台关于政务信息资源共享、大数据发展、“互联网+政务服务”等方面的相关政策，极大地推动政府数据的开放共享和开发利用。我国开放政府数据的相关政策，大致可划分为三个时期：准备期（2012～2014 年）、发展期（2015～2017 年）、完善期（2018～2020 年）。在准备期，各级政策主体逐步开始尝试颁布关于电子政务协调发展、大数据产业、云计算平台应用、政务信息资源共享管理等方面的政策法规，政策数量相对较少，政策的总效力和平均效力逐渐增加，为开放政府数据的发展提供了前期的基础和保障。在发展期，随着《关于积极推进“互联网+”行动的指导意见》《促进大数据发展行动纲要》等国家层面纲领性政策的出台以及“十三五”规划中大数据国家战略的提出，政策数量快速增加，政策的总效力和平均效力处于较高水平，各部委以及省级党委和政府纷纷颁布相关政策，构建起本级开放政府数据的基本政策框架，为开放政府数据的发展提供了行动指南和推动力量。在完善期，随着党的十九届四中、五中全会的召开以及“互联网+政务服务”“放管服”“政务服务‘跨省通办’”等行政改革的深入，以大数据、云计算、人工智能为代表的新一代信息技术在支撑全面推进国家治理体系和治理能力现代化方面的作用日益凸显，各级政策主体继续颁布关于开放政府数据的应用、规范、安全等方面的政策，继续深化和完善开放政府数据发展和应用，但政策的数量、总效力和平均效力有所降低，如图 5-1 所示。

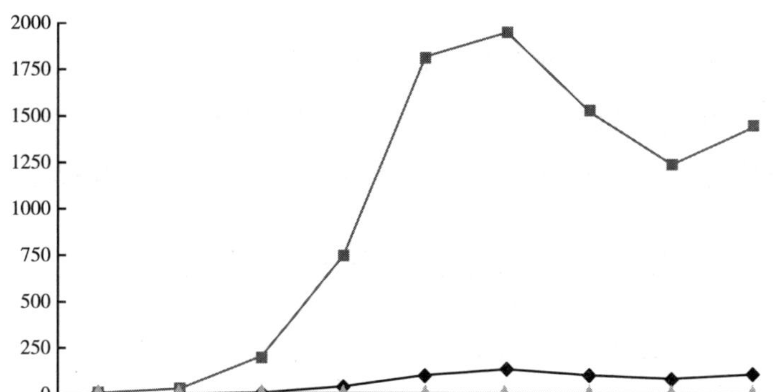

	2012年	2013年	2014年	2015年	2016年	2017年	2018年	2019年	2020年
政策数量（项）	2	3	13	46	108	138	107	88	112
总效力	9.00	33.42	206.7	750.33	1821.38	1952	1524.06	1243.8	1443.66
平均效力	4.50	11.14	15.90	16.31	16.86	14.14	14.24	14.13	12.83

图 5-1　我国开放政府数据政策效力状态

（二）政策主体协同情况分析

政策主体协同主要体现在同一条政策由多个政策主体联合颁布。

2012~2020年，由两个以上部门（含）联合颁布的开放政府数据政策共有36项，联合颁布数量、联合颁布部门以及联合颁布政策所占比例有所上升，主体协同呈总体上升趋势，具体分布为：2014年1项、2016年10项、2017年5项、2018年3项、2019年10项、2020年7项，如图5-2所示。从主体数量看，我国开放政府数据联合颁布政策以两部门为主，共25项；其中，同级党委（办公厅）和政府（办公厅）为21项，同级的两个部门为7项；三部门联合颁布为3项；多部门（四部门以上）共7项。从政策类型看，以“意见”和“方案”为主，分别为20项和8项。从主体数量看，各政策主体之间合作趋势加强，三部门以上联合发布政策数量呈上升趋势。

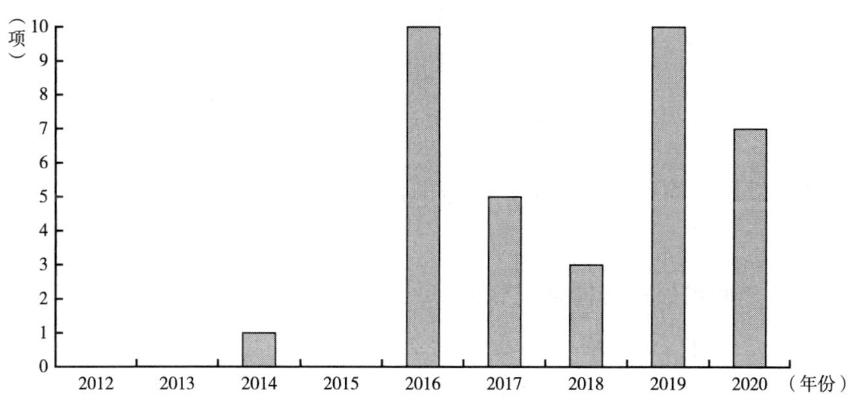

图5-2　我国多部门联合颁布的开放政府数据政策数量演变

二　政策目标协同分析

（一）政策目标状态分析

通过分析可以看出，提升政府治理效能、加快数据产业和数字经济发展以及运用政府数据创新公共服务是我国开放政府数据政策的主要目标，占比分别为32.43%、16.47%、15.67%；而扩大公民参与度和洞察民生需求是提及较少的政策目标，占比分别只有0.22%和

0.37%，如图 5-3 所示。其中，涉及跨目标类型的政策 157 项，占 25.45%。

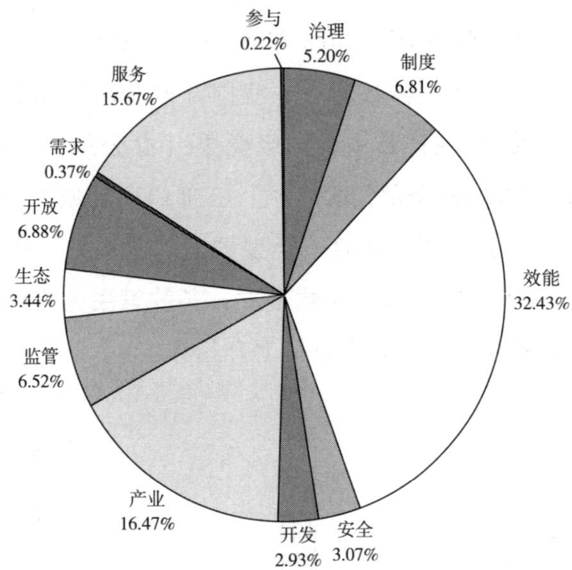

图 5-3　我国开放政府数据政策目标占比

（二）政策目标协同情况分析

其一，优化政府治理与促进经济发展政策目标协同分析。随着"网络强国""数字中国"等国家大数据战略的提出，党中央、国务院相继出台加快推进大数据产业发展的相关政策，如《关于运用大数据加强对市场主体服务和监管的若干意见》《关于构建更加完善的要素市场化配置体制机制的意见》《国务院办公厅关于进一步优化营商环境更好服务市场主体的实施意见》等，为优化政府治理效能、实现数据产业和数字经济创新发展提供了政策基础。2013~2014 年，优化政府治理与促进经济发展目标的协同度得分逐渐增加；2015~2016 年，协同度得分快速增加，2016 年达到峰值，得分为 549 分；随后协同度得分开始下降，2019 年达到低值，得分为 182 分，2020 年得分上升为 265 分。

其二，优化政府治理与创新民生服务政策目标协同分析。随着

"简政放权"和"放管服"等改革措施的出台，如《关于加快推进"互联网+政务服务"工作的指导意见》《关于加快推进政务服务"跨省通办"的指导意见》等，各级政府部门注重发挥大数据等新型技术在社会民生服务中的作用，加快新一代信息技术赋能国家治理现代化，用"技术变革"推动"服务变革"和"治理变革"，提升社会治理和民生服务的效能。2013 年开始，涉及跨优化政府治理与创新民生服务目标的政策开始出现，协同度得分逐渐增加；2015~2016 年，协同度得分快速增加，2016 年达到峰值，得分为 527 分，随后协同度得分开始下降，2019 年和 2020 年达到低值，得分均为 155 分。

其三，促进经济发展与创新民生服务政策目标协同分析。政府数据开放共享政策的出台，如《关于推进公共信息资源开放的若干意见》《政务信息资源共享管理暂行办法》等，不仅能够提高市场主体生产经营活动的透明度，有效调动社会力量监督市场主体的积极性，而且带动社会公众针对政府数据增值性、公益性开发和创新应用，充分释放数据红利。2013 年开始，涉及跨促进经济发展与创新民生服务目标的政策开始出现；2015~2016 年，协同度得分逐步增加，2016 年达到峰值，得分为 325 分；2020 年达到低值，得分为 45 分，如图 5-4 所示。

三　政策工具协同情况分析

（一）政策工具状态分析

通过分析可以看出，在开放政府数据政策工具中，行政推动、考核监督、法规管制等使用频率较高，占比分别为 26.5%、10.8%、9.0%；服务外包、政府采购等使用频率较少，占比均在 1%以下，如图 5-5 所示。

（二）政策工具协同情况分析

其一，供给型与需求型政策工具协同分析。2012~2014 年，供给型和需求型政策工具的协同度逐渐增加；2015~2017 年，协同度得分快速增加，2017 年达到峰值，得分为 593 分，随后协同度得分开始下降，

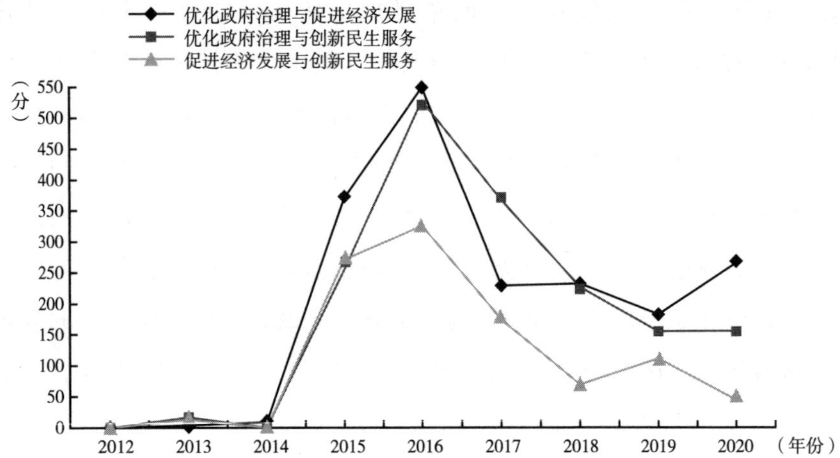

图 5-4　我国开放政府数据政策目标协同情况

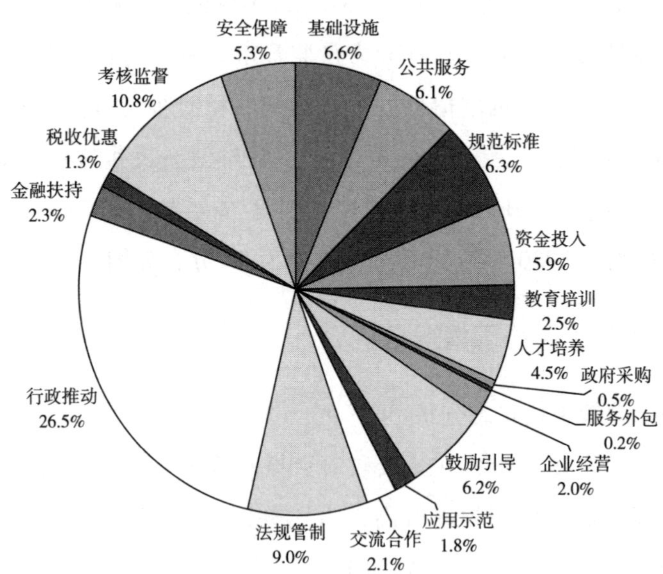

图 5-5　我国开放政府数据政策子工具占比

2018~2020 年得分分别为：473 分、390 分、481 分。

其二，供给型与环境型政策工具协同分析。2012~2014 年，供给型政策和环境型政策工具的协同度逐渐增加；2015~2017 年，协同度得分快速增加，2017 年达到峰值，得分为 1521 分；随后协同度得分开始下降，2018~2020 年得分分别为：1123 分、1002 分、911 分。

其三，需求型与环境型政策工具协同分析。2012~2014 年，需求型和环境型政策工具的协同度逐渐增加；2015~2016 年，协同度得分快速增加，2016 年得分为 738 分，随后协同度得分开始下降，2017~2020 年得分分别为：722 分、619 分、475 分、882 分，如图 5-6 所示。

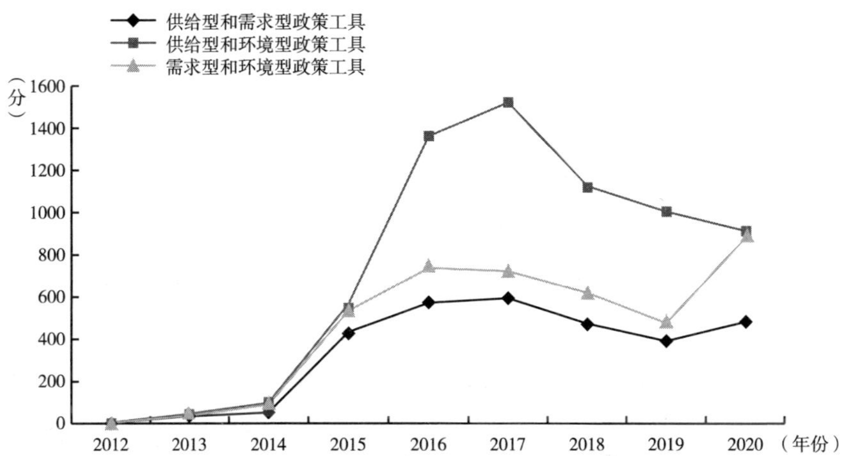

图 5-6　我国开放政府数据政策工具协同情况

四　我国开放政府数据政策协同分析结果

（一）政策主体协同配合增加，平均政策效力呈总体增加趋势

开放政府数据需要政府各部门之间进行协调与合作，牵涉各个机构部门的责任和利益，需要省级党委政府及其办公厅进行有效的统筹规划，对各部门进行责任分配和利益协调，从而提高政策的可执行度。随着各级政策主体对开放政府数据这一涉及多主体、多方面的“跨界”“复杂”问题重视程度的提高，政策主体加强了相互合作配合的力度，多部门联合颁布政策的数量以及涉及部门的数量都逐渐增加。此外，开放政府数据政策的平均效力呈总体增加趋势。

（二）政策同类型目标协调一致，目标协同度呈总体上升趋势

政策制定逐渐由单一目标转变为多重目标，目标协同呈明显上升趋势，且全面提升了政府数据开放共享、开发利用的实施效果。随着政府数据开放共享和开发利用的不断推进，政策目标之间的协同度越来越高。这都说明我国对政府数据在政治、经济、文化、社会、科技各方面重要战略地位的认识更加完善，注重多方面促进政府数据开放共享、开发利用效果的提升。政策主体在制定开放政府数据政策时注重同类型目标之间的有机配合，推进目标协调一致，共同推进开放政府数据政策实施。各级党委和政府在制定开放政府数据政策时，不仅注重将数据开放、数据开发、数据治理等总体性目标结合使用，而且将制度建设、产业发展、服务创新等具体性目标结合使用。

（三）不同政策工具的协同存在差异，工具协同度呈上下波动趋势

各级政策主体在制定开放政府数据政策时主要采用环境型工具为主、供给型工具为辅的方式，协同促进政府数据开放共享、开发利用目标的实现。各级党委和政府善于通过使用行政推动、考核监督、法规管制等环境型工具保障目标实现的效果，通过加强基础设施、规范标准制定、加大资金投入等供给型工具促进政策目标的实现，而需求型工具中则只有鼓励引导、交流合作采用的相对较多。在不同类别的政策工具之间，供给型与环境型政策工具的协同度最高，需求型和环境型政策工具的协同度略高于供给型和需求型政策工具的协同度。此外，政策工具的协同度与政策数量之间具有一定关联性，协同度呈先增后减的趋势。供给型与需求型政策工具协同、供给型与环境型政策工具协同的得分于2017年达到峰值，分别为593分和1521分，随后得分开始下降。需求型与环境型政策工具协同的得分呈波动上升趋势，于2020年达到峰值，得分为882分。①

① 洪伟达、马海群：《我国开放政府数据政策的演变和协同研究——基于2012~2020年政策文本的分析》，《情报杂志》2021年第10期。

第三节 我国开放政府数据政策文本分析结果

分析表明，我国的开放政府数据政策发展在取得巨大进步的同时，在政策理念、政策目标、政策主体、政策客体、政策工具等方面还存在一定程度的协同不足的情况，这也从侧面印证了政策协同对开放政府数据政策的发展和建设具有重要意义。

一 我国开放政府数据政策协同存在的问题

（一）政策理念协同不足

近年来，我国不断加大行政体制改革的力度，在推进简政放权、持续优化营商环境、深化放管服改革等方面做了很多努力，并取得了较大成绩。从理念的角度看，虽然我国把实现“善治”和打造有为政府作为政府治理和行政体制改革的重要方向，但是各政府和部门的认知尚未统一，受传统管制型政府影响较深，在制定和执行开放政府数据政策时，在理念上仍存在一定阻碍。

一是存在特权思想。有些政府部门不能把非政府主体作为用户来对待，投入的注意力不够，对企业和公众获取、利用、共享开放政府数据的需求关注不够，缺乏有效互动，非政府主体较少参与到政府数据治理过程。传统的科层制治理的核心是部门利益而不是用户体验，缺乏整体性和协同性，回应和反馈不足，无法及时满足公众需求，难以运用大数据技术破除部门壁垒、再造业务流程、实施协同联动。

二是存在部门思想。出于权限、利益和风险等因素的考虑，很多单位将政府数据资源部门化、专属化、利益化，存在所谓的“数据话语权”思想，希望能保持“数据垄断地位”，对数据开放共享存在抵触情绪和推诿应付现象，视开放共享为“动奶酪”。对政府数据开放不积极、风险评估不准确、应急联动不及时、协同合作不一致等，导致数据碎片化、应用条块化、服务割裂化等问题,[①] 地方政府部门的协同意识有待于进一步增强。

三是存在僵化思想。由于行政文化保守，采用行政命令较多，法律、技术等工具运用较少，治理决策的过程中科学化程度不高、依赖经验较多，实现治理目标的效能较低。随着大数据等技术的发展，需要深刻改变对传统行政程序合理性的认知。

（二）政策目标协同不足

开放政府数据政策能够为开放政府数据工作的开展提供方向指引和实践指导，如果政策中设置了清晰完善的各类目标，其引领性和鞭策性将大大提升,[②] 但是，由于很多省份开放政府数据政策目标的指向性不明确，严重影响政策的执行。

一是目标设置要求不同。对数据开放主体的目标要求有利于扩大数据开放的范围，明确各政策主体数据的责任，防止有些主体基于自身利益考虑不进行或不重视数据开放。目前，省级政策主体在设定开放政府数据政策目标时，大多会附带明确的时间要求，政策目标主要集中在建立开放政府数据平台上，大部分省份都提出要形成省级统一的政府数据开放共享平台，许多省份也对开放数据的数量设置了目标，但只有少数几个政策对数据开放主题、数据审查和相关法律法规设定了目标。[③]

二是目标设置导向不同。开放政府数据政策的目标应是促进基于政府数据的创新项目发展，实现政府数据增值，释放数据红利，提升数据产业和数字经济对经济增长的贡献率。然而，现有开放政府数据政策目标过多聚焦于对政府数据的安全与保护，运行过程中缺少实现与数据产业发展所需的政府数据挖掘利用、商业化开发、市场价值实现等政策诱导点的对接。例如，工信部、国家发改委等部门开放动力较强，网信、安全、公安等部门注重安全保障，开放动力相对较弱。

① 张莉：《数据治理与数据安全》，人民邮电出版社，2019，第 57 页。

② 毛子骏：《地方政府数据开放研究》，武汉大学出版社，2019，第 50 页。

③ 毛子骏：《地方政府数据开放研究》，武汉大学出版社，2019，第 50 页。

（三）政策主体协同不足

我国开放政府数据的政策主体多集中于部委层面的政府部门和各省（自治区、直辖市），目前尚未建立从国家层面统筹全国范围政府数据管理与协调的机构。在政府部门机构设置存在“条块分割”、职能交叉以及跨系统机构运行缺乏有效沟通和协作的现实情况下，在制定和执行开放政府数据政策时，存在不同部门制定的政策之间相互冲突和效能抵消的现象。

一是缺乏纵向部门协同落实政策。自国家层面出台《促进大数据发展行动纲要》《大数据产业发展规划（2016~2020年）》等关于大数据和数据产业的宏观政策后，各省（自治区、直辖市）—市（地）—县（区）层面需相继出台配套政策措施和实施细则，然而由于数据意识与政策能力不足，配套保障相对缺乏、滞后。加之，有的下级执行部门由于自身利益考量，忽略整体目标，导致政策执行扭曲、失效。由政策主体协同不足引起的上述问题，直接导致数据企业和公众对开放政府数据的利用范围有限与质量不高，在一定程度上影响了开放政府数据政策的效果和效能。

二是横向部门协同联动不足。由于各部门在利益上存在一定差异与矛盾，某些部门在治理过程中，制定政策时往往缺乏通盘考虑的全局意识以及与其他部门的相互沟通，以致制定的政策孤立或与其他政策冲突；执行政策时缺乏与其他部门的互动和合作，缺乏数据开放和共享意识，致使治理效果大打折扣，造成政策之间的功能耦合不足。对于处于交叉地带的政府数据治理，政府部门内部有多个合法化治理主体，不同政府部门治理主体之间存在不同的工作职能和目标、治理理念和方式，由此造成的部门冲突在所难免。

（四）政策客体协同不足

政府开放数据过程中，政策客体协同不足主要是指开放政府数据政策供给与数据产业诉求协同不足，表现为政策制定主体未能把握数据产业发展的内在规律，无法准确识别数据产业发展对开放政府数据政策的本质诉求，开放政府数据政策供给与数据产业需求之间存在缺口。

一是地方开放政府数据政策缺乏对数据开放的具体指导。地方开放政府数据政策虽然对开放政府数据的目标、计划、主体、领域、目录、清单等提出了要求和规范，但大多数是停留在宏观层面上的笼统性规划和概括性纲要，缺乏微观意义上的具体指导，相关责任主体、部门之间的协调机制、数据开放的范围尺度、数据发布的具体流程、数据安全标准、数据利用目的及方式等方面都未给予明确规定。例如，大多数地方开放政府数据政策提出要建设开放政府数据平台，但对于开放平台建设中应当设置的平台功能、数据格式、数据划分维度、数据更新方式等都没有明确的要求说明，造成各地方政府数据开放平台建设的协同度较低。由于缺乏具体的政策指导，留给政策执行的裁量空间过大，某些地区出现执行错误、执行力度不足等问题，各地方政府数据开放水平差距明显，难以建立统一的标准规范体系。①

二是现有政策法规存在规定不清晰问题。例如，没有对政府数据开放原则、统一门户、数据格式、数据标准、可用性、互操作性等做出明确要求，没有对政府数据利用的管理和追踪方法，没有对不当使用数据情况下的处理和定责办法等问题的监管依据，② 缺乏针对数据开放的可操作性指导与有效激励措施，由于各级政府部门之间的体制机制、基础设施、技术标准等限制，信息网络和数据平台自成体系，导致政府部门对开放数据过度谨慎，开放政府数据的质量较低，政府数据多处于割裂和休眠状态，数据企业和社会公众难以有效地获取和利用。

（五）政策工具协同不足

开放政府数据政策的体系功能显现在于各政策工具之间的协调配合，多种政策工具的协同运用能够提升开放政府数据政策体系的运行效能。开放政府数据政策冲突的情况，严重削弱了开放政府数据治理活动

① 毛子骏：《地方政府数据开放研究》，武汉大学出版社，2019，第 77 页。

② 单志广、房毓菲、王娜：《大数据治理：形势、对策与实践》，科学出版社，2016，第 7 页。

的实际效果，对政府数据治理走向“善治”形成挑战，使政府数据治理效能大为降低。

一是政策工具手段单一。当前开放政府数据政策集中关注数据产业创新资金配置、立项扶持等内容，缺乏政府数据全国性标准、政府数据创新链过程监管、公共数据资源服务供给、民生项目实施效果评估、政府采购数据产品等的引导，开放政府数据政策体系运行效能不高。尤其是开放政府数据政策福利大多以政府财税资金直接奖励或补贴等形式发放，尚未发挥对市场、资本、金融等资源的带动作用，数据产业、数据企业、公众的创新行为过度依赖于外生性政策驱动。

二是政策评估反馈缺乏。对实施效果和政策效能进行客观、公正、科学的评估是政策运行的重要环节，有助于及时发现开放政府数据政策的实施效果和存在问题。目前，我国普遍缺乏对开放政府数据政策的评估和反馈机制，开放政府数据政策在运行过程中容易偏离预期的目标，降低了政策的科学性和准确性。例如，美国在出台开放政府数据政策之初并未构建系统、科学的评估框架，2013 年《开放数据政策》行政命令发布之后，才开始不断规范公共数据的开放流程、重视对开放数据政策评估和检验。信息政策办公室下分设专职负责政府数据公开的办公室，负责相关政策的制定、监督政策的执行及政府数据的整合开放。2007 年开始运行的“公众专利评审”项目，是美国第一个基于互联网大众创新的平台，其定期总结和发布平台运作的监督与评估报告（如《首期工程评估报告》等），并主动接受社会的监督，对问题防患于未然。①

二 我国开放政府数据政策协同不足的原因

由于中西方在制度基础、文化传统、发展阶段等方面存在较大差

① 骆毅：《走向协同——互联网时代社会治理的抉择》，华中科技大学出版社，2017，第 97 页。

异，因此政策协同的模式也应存在区别。西方的政策协同往往是自发式协同，机制设置相对较为规范，协同的依据在于法律与市场的有效监督与严格规范，是一种市场主导的模式；我国的政策协同可能会面临强制性的压力，协同压力要高于自发式协同，更多的是一种以政府为主导型的政策协同。这种模式适应了我国环境的需求并体现出强大的生命力，在韧性、弹性、适应性和持久性等方面存在明显优势；但是对于跨部门治理的问题，单纯通过政府主导型政策协同难以有效调动参与主体的积极性、保证政策协同的效果。

（一）政治原因

一是法律法规顶层设计缺位。近年来，我国各级党委和政府已经出台了一系列关于开放政府数据的政策，但多以“规划”“纲要”“方案”为主，政策导向明显但制度约束力不足。各地方政府部门在构建开放政府数据政策体系的过程中缺乏权威性法律法规政策作为参考依据，进而造成地方政府部门制定的开放政府数据政策之间差异较大，缺乏系统性和协同性。首先，各地方开放政府数据发展进程不一，建设水平有较大差异。以北京市、上海市、广东省、浙江省等为代表的东部发达地区起步较早、发展较快、体系完善，而很多内陆地区至今只出台一两项开放政府数据相关政策，起步较晚、进程缓慢、体系欠缺。其次，各地方开放政府数据政策的颁布主体数量不一，有的集中于党委政府及其办公厅，有的分散于经济和信息化委员会、发展和改革委员会、大数据管理专设机构等，一定程度上造成政出多头的现象，给政策的贯彻和落实带来阻碍和困难。最后，各地方开放政府数据政策的内容差异明显，由于各地开放政府数据理念明显不同，在建设目标、范围领域、目录清单、发展计划等方面也不尽相同，进而在政策具体实践中的表现也存在巨大差异，缺乏全国性的战略规划和政策环境，致使政府数据开放机制不成熟、开放政府数据根基不稳固，数字化发展不平衡。

二是横纵之间存在利益冲突。由于我国“垂直管理、分级负责”政府管理体制的原因，政府数据在纵向一般以部门为中心展开，在地方上形成条块分割的格局，再加上数据在一定程度上影响到权力、利益和话语权的大小，这就直接导致数据产权的部门化和利益化，数据权益的分配不均，在一定程度上阻碍了开放政府数据政策协同的进程。首先，行政资源占有的“碎片化”。权力配置的碎片化也导致所拥有资源的碎片化，政府之间各行政主体所占的权力资源和拥有的资源不一致。美国政治学家李凯如用“碎片化”来形容中国政府决策体系的特点，各政府主体和职能部门各自拥有政策制定的“碎片化权威”。虽然分工确实能在一定程度上提高效率，但部门各自为政也严重影响政府的总体效能和政策协同的顺利进行。其次，部门间有意识的“碎片化”。对于占有优势地位的部门，其没有动力与其他部门进行协同，更希望维持自身的利益，而不甘愿冒风险。权力的封闭性是碎片化的根本原因。权力的封闭性是由纵横条块分割下权力的配置模式形成的，封闭性的权力导致封闭性的资源和职能，政策制定协同都将是政府主体在充分评估自己利益获取多寡的情况下做出的有限妥协，如果超出限度，政策制定协同就将失败。最后，各部门绩效考核的“碎片化”。碎片化的地方政府关系、内部部门关系将直接影响到整体政策制定的协同和执行的协同。

（二）经济原因

一是产业链不成熟。除了组织准备和外部压力，预期收益对政府进行数据开放具有更关键的作用。但是，政府数据参与数据产业的盈利模式和服务方式尚不明晰，缺少大规模、成批量、带动性的行业龙头企业，政府数据开放开发利用产业链、创新链、价值链尚未形成，这也导致以需求为导向的政府数据开放应用较少，数据产业链各个环节也无明显的上下游协作发展模式，由需求拉动的开放政府数据的生态体系尚未形成，政府数据开放、共享、开发、利用更多的是政府自发的行政行为，而非市场行为。

二是成本效益考量模糊。数据开放部门的职能、人员编制和财政预算，都制约着数据开放的成本效益评价，致使开放政府数据政策协同难以顺利进行。首先，开放政府数据涉及数据的采集、清洗、存储、发布、分析和维护等诸多环节，对应地也需要政府部门人力、物力、财力等资源源源不断地投入。目前，开放政府数据尚未纳入政务操作，没有具体预算、关键绩效指标，政府部门一般抗拒开放。其次，政府数据开放产生的利益和价值难以量化衡量，部门之间的成本分摊和收益分配更是难以界定。目前，尚未建立覆盖全生命周期的涵盖价值评估、质量监管、成本管理、交易规则的政府数据价值管理体系和市场交易体系，对于开放政府数据产生的利润，也没有合法合规的分配规则，尚需探索一条释放政府数据价值的最优路径。最后，数据开放不仅给相关部门带来额外工作量，还会带来信息泄露的风险。对于政府工作人员来说，“在没有明确的规则情况下，政府数据开放利用，不仅没有明显回报，还要承担责任，有可能导致国有资产流失的风险”。[①]

（三）社会原因

一是开放政府数据政策的社会困境主要体现在政策议程的进入和政策协同结果的输出。首先，在政策议程的进入方面，单纯的行政区划内部社会问题进入政策议程到最终方案选定，比在此基础上再进行横向政府之间政策协同的步骤少一级。独立的行政区划主体基于已经统一的区划范围的民意，向横向主体进行再统筹，民意被代表的次数和层级越多就越有可能导致民意的扭曲，这也是横向政府之间政策协同的社会困境之一。其次，在政策协同结果输出方面，存在区域政策协同的结果与独立行政主体结果一致性问题。如果以横向政府之间的整体区域范围内的人口为代表进行政策协同，最终结果必然更接近人数占多的行政主体的决策结果，这样就失去了横向主体之间的平等地位，同时也未能充分考量政治和经济因素。如果将横向各主体置于同等的平台上进行决策，那么容易使人数占多的行政区划中个人代表的有效性减弱。

二是作为社会力量代表的社会组织，存在难以参与区域政策议程制定的困境。首先，在社会组织方面，其理应遵照一定的合理标准参与开

① 马颜昕等：《数字政府：变革与法治》，中国人民大学出版社，2021，第 301 页。

放政府数据区域政策议程的制定，但横向政府之间政策协同的基础是在区划内部形成基本的民意集中，在这种情况下行政区划范围内社会组织或个人的参与容易面临进退两难的窘境。其次，在公众方面，公民参与被理解为政府与公民互动以共享政策中的信息与权力，这包括但不限于公共服务的提供与交付，政府部门和公共机构通过利用信息通信技术尤其是社交媒体，越来越多地与公民建立协商过程。①

（四）技术原因

一是政府数据质量要求高。首先，在政府数据创建过程中，原始基础数据首要关注的是数据的全面性和准确性，较少关注数据的高价值性和一致性。政府部门在收集和创建数据时，缺少对政府数据发布方式、流程设计的统筹考虑。在政府数据发布过程中，政府部门无法完全掌握发布的政府数据的使用情况、使用价值。其次，在政府数据获取过程中，政府数据开放平台不统一导致数据重叠或分散，部门之间的孤岛效应也大大降低了政府数据的获取率。政府数据开放平台本身的易用性、导航和检索功能，也有可能制约使用效益。在政府数据处理过程中，不可机读的数据影响着政府数据再利用和关联。而政府数据使用者对于处理方式和工具的选择，也影响着政府数据使用价值。最后，在政府数据反馈过程中，政府数据提供者和使用者一般缺少反馈意识，政府数据的使用者与维护者（政府部门）之间的联系沟通渠道不畅，容易导致反馈失效。开放政府数据的技术障碍，对于开放政府数据政策协同具有制约作用，具体包括数据标准、中央门户、体系结构、元标准、数据处理软件等缺乏以及软件和应用程序的碎片化。从用户体验的角度来看，开放政府数据在可访问性、可搜索性、可用性、易理解性、可交互性等方面造成技术障碍，阻碍开放政府数据政策协同。

二是人员数据素养不高。数据素养在政府传递满足公众需求的数据产品和服务过程中发挥着重要的作用。政府机构目前面临管理政府数据

① 杨孟辉：《开放政府数据：概念、实践和评价》，清华大学出版社，2017，第 101 页。

开放、数据分析的人才匮乏的窘境。首先，现有公职人员对开放政府数据的认知不足，对于政府数据蕴含的巨大潜力存在认知局限。其次，政府数据相关工作人员数据技能存在不足，大数据的 4V 特性使对数据进行分析处理的难度大大增加，数据的利用具有时效性高、专业性强、难度大的特点，对技术的要求较高。最后，就公众用户而言，数据用户自身的障碍表现为没有使用动机、不了解开放政府数据的有用性、难以使用开放平台、数据利用能力欠缺等，因而无法与开放政府数据的战略实施形成良好的互动。

（五）文化原因

一是风险规避行政文化的影响。中国自古以来就有相对封闭、守旧式的行政文化，不少公职人员已习惯在低效、保守、信息不对称的环境和氛围下施政。开放政府数据意味着需要面临破除部门利益、提高工作效率、进行创新探索等状况，因此，政府部门及其工作人员更愿意沿袭传统。在实践过程中，开放政府数据如缺乏强制性的法律规定或上级明确的硬性政策要求，部分政府部门往往奉行“不求有功，但求无过”的组织文化，采用尽量少开放、不开放、让其他部门先开放等方式，导致政府数据资源开放率和利用率不高。

二是数据开放开发理念滞后。与美国、欧盟等国家和地区相比，由于政府信息公开、政府信息资源开发利用等理念和实践在我国起步相对较晚，缺乏对信息和数据开放的法律制度铺垫和文化传统传承，致使针对政府数据资源开发利用的市场化运作经验不足，开放开发政府数据的理念未能广泛深入人心，对于开放政府数据进行增值利用的重要性和紧迫性认识程度较低。

第六章　我国加强开放政府数据政策协同的对策

一个国家从以大规模制造为中心的模式转变为以创新驱动为中心的新模式，需要制度与技术协同演进以及进行系统性变迁，才能成功跨越“卡夫丁峡谷”。[①] 系统之间会因为社会基本的价值观、发展理念、交易规则等差异而存在根本性区别，发展转型不仅是具体政策措施的调整，而且是涉及整个社会基础和发展思路的深刻变革；随着发展阶段持续演进，一些原本边缘化的制度关系和行为会逐渐得到强化，最终引发系统性的变迁。[②] 因此，我国要推动网络强国、创新驱动发展等国家战略的实施，必须从制度、市场、技术、社会、文化等方面，多角度、全方位、立体式地构建和完善我国开放政府数据的政策体系，加强开放政府数据政策协同。因此，本章在前文作用机理、国外经验和实证研究的基础上，依据协同学、系统论和公共政策理论，对加强我国开放政府数据政策协同提出建议，主要从加强要素的协同、子系统的协同以及与外部环境的协同等方面展开。

第一节　增进开放政府数据政策要素的协同

增进开放政府数据政策要素的协同，应通过理念层面的引领、目标

① 张其金：《大数据时代下的产业革命》，中国商业出版社，2016，第 101 页。
② 张其金：《大数据时代下的产业革命》，中国商业出版社，2016，第 101~102 页。

层面的引导、主体层面的统筹、客体层面的规范、工具层面的配合，从而保障开放政府数据各项工作实现长期、稳定向纵深方向发展。在《中国地方政府数据开放报告——省域指数（2022 年度）》省域“数林匹克”累计分值排名中，浙江省、贵州省和广东省分别排在第 1 位、第 3 位和第 4 位。[①] 因此，我国加强开放政府数据政策体系要素的协同，从理念、目标、主体、客体、工具等方面，结合浙江、贵州、广东、黑龙江等省份的实践，提出对策建议。

一 理念协同

（一）增强“互联网+”思维

一是提升政府服务意识。贯穿“以人民为中心”的发展思想，强化各级党委和政府的“用户思维”和公共服务理念，推动探索“店小二”等新服务模式，把握服务需求，从需求出发调整、优化、创新服务流程，提升用户体验，推动构建符合高质量发展需求的政府数据生态圈，运用大数据技术提升国家治理现代化水平。例如，欧盟委员会在《2030 数字指南：实现数字十年的欧洲路径》中，秉承“以人为本”的核心理念，提出打造包容的数字社会作为 2030 数字化目标。应转变政府行政文化，发挥中国特色社会主义的制度优势、中华传统文化和谐包容等文化精髓的促进作用，在各级党政部门、事业单位、国有企业中营造符合开放政府数据的有序、共享、理性、安全、开放的行政环境和文化氛围。

二是重视政府数据价值。结合高质量发展的要求，进一步深化对政府数据价值的认识，重视政府数据的资产价值与生产要素的倍增作用，加快数据产业的顶层设计与制度体系构建，充分发挥公共数据资源管理算法和模型的作用，实现政府数据的数据流、资源流、资本流的优化配

---

① 复旦大学数字与移动治理实验室：《中国地方政府数据开放报告——省域指数（2022 年度）》，复旦大学数字与移动治理实验室官网，2023 年 1 月 10 日，http：//ifopendata.fudan.edu.cn/report。

置，通过创新政府数据驱动的产品和服务来刺激数字经济增长，推广全价值链的新业态、新模式，进而影响生产、销售、流通、融资、物流等领域，孕育并培育全新商业模式。例如，2021 年是“十四五”规划开启之年，各省份贯彻落实国家“十四五”规划中关于“加快数字化发展　建设数字中国”的战略部署，在本省“十四五”规划中结合省情实际提出具体目标和任务。贵州省提出“国家大数据综合试验区建设取得新的重大突破，数字经济占地区生产总值比重达到 40%以上，研发经费投入年均增长 12%以上”的目标。浙江省提出“以数字化改革牵引全面深化改革，以数字经济为支撑的数字文化全面发展，数字经济增加值占全省生产总值比重达到 60%左右”的目标。

（二）明确数据思维

一是注重数据素养培养。重视人的观念、意识、理念、思维、思想的转变，加大对政府公务人员关于政府数据的管理、处理、安全等方面技能的培训力度，在政府部门中培育和塑造能够促进跨部门协调合作和不同政策主体之间对话沟通的行政文化，倡导团结协作精神，促进跨部门协同朝向统一、有序、协调、高效的方向发展。加强全社会思维观念由“数据管理”向“数据战略资产管理”的转变，深挖大数据环境下开放政府数据开发利用的特点和管理模式，鼓励和引导企业、社会组织和公众积极主动地参与政府数据的开发利用。

二是加强数据技能培训。依托高校、党校（行政学院）、企业等开展数字技能培训等方式，建立适应不同层级、不同部门、不同地域公务人员数据能力需求的数据素养培训体系。制定政府数字化转型培养计划，招考大数据等专业人才，将数字水平纳入公职人员考核。此外，推行柔性引才政策，大力支持“候鸟型专家”“星期天工程师”“飞行博士”等加入政府数据的建设和创新过程中。

（三）激发创新思维

一是增强创新激励措施。在运用法律手段、行政手段、经济手段等“硬”措施惩戒违规行为的同时，重视和利用行业规章、团体章程、市民公约等社会规范和社会习俗等“软”措施，引导和鼓励创新中的协同行为。例如，英国的“协同政府”改革提出对部长和官员进行培训的机制，让他们在培训中心探讨如何通过合作制定政策、解决特殊的政策问题，并且推广跨部门合作的实践经验。[①]

二是消除创新后顾之忧。在制度创新方面，为公务人员等相关政策主体提供清晰的行为操作指南，从思想上打消其在数据共享和应用上的顾虑；同时，在法律允许的范围内大胆尝试，减小“试错成本”，充分释放数字政府制度创新的改革红利。[②] 在实践操作方面，明确赋权范围、划定权责界限、加强共享管理、落实全程监督以及数据服务接口、算法跑路代替数据跑路等多种方式，规范和完善数据共享过程。

二　目标协同

（一）提升战略高度

一是明确数据治理导向。将政府数据开放共享作为简政放权、政府转型以及推进国家治理体系和治理能力现代化的重要手段，把政府数据上升到战略资源的高度，强化对政府数据治理的法律政策层面的保障和协调，推进数字政府和整体政府建设。通过政府数据治理对国家、社会和个人同时进行赋权和赋能，使国家、社会和个人实现协同演化，为国家、社会和个人创造一种和谐、融合、共生、“1+1>2”的全新图景，形成良性互动、有机生长、协同高效的社会治理共同体。

二是提升数据赋能能力。通过运用大数据、云计算、区块链、人工智能等新一代信息通信技术，对政府大数据进行挖掘、分析、匹配、存储，借助中台技术、可视化技术加强实时动态数据的决策判断与辅助支持，形成“用数据说话、用数据决策、用数据管理、用数据创新”的政府决策模式，实现政府决策从主观的“经验决策”向客观的“科学

---

① 孙迎春：《发达国家整体政府跨部门协同机制研究》，国家行政学院出版社，2014，第 226 页。

② 马颜昕等：《数字政府：变革与法治》，中国人民大学出版社，2021，第 45 页。

决策”转型。①

（二）推动政府转型

一是建设有为政府。开放政府数据工作是一项系统性、长期性、多层面的工作，需要从建设有为政府的要求和目标出发，充分发挥政府数据在“技术赋权”和“技术赋能”方面的潜力，将数据从各部门行使权力的附属品转化为提高效率、更好地服务于城市发展、提升治理现代化水平的主要驱动力，分级、分层、分期推进国家治理现代化、省域治理现代化和市域治理现代化以及基层治理现代化。

二是打造整体政府。通过智慧数据报送管理中心和智慧服务平台，加快实现政府职能的数据化、互联化、移动化，加强线上业务协同与线下职能整合的有机统一，推动组织结构走向网络化和扁平化，消除原有组织架构壁垒，实现内部多维度协调，打通横向与纵向的数据界限，实现跨地区、跨部门、跨层级的业务协同，②有效解决“数据烟囱”“条块分割”“价值碎片”“利益离散”等问题。

（三）寻求利益平衡

一是协调各方利益。在开放政府数据的顶层设计中，加强协调和平衡各级部门、各类政策的利益，积极寻求多元政策主体在合作政策目标上的利益平衡点，通过政策法规明确数据的生产者、管理者、使用者、监督者以及赋能者等的权利和责任，其中，赋能者是开放政府数据生态系统和数据开放相关利益者中重要的组成部分。发达国家十分重视政府数据生态环境建设，在开放政府数据战略实施中，发挥政府主导作用，同时注意吸引社会力量参与政府数据开放行动，积极营造良好的政府与社会力量合作关系，形成政府主导、市场开发、社会广泛参与的分工有序、合作共赢的多方参与机制。

---

① 洪伟达：《以智慧化推动治理现代化》，https：//theory.gmw.cn/2020-05/21/content_33847328.htm。

② 洪伟达：《让城市更聪明、更智慧——以智慧化推动治理现代化》，《黑龙江日报》2020年5月21日。

二是明确利益分配原则。针对政府数据开发后的收益，秉承效用最大化导向，引导开放政府数据的利润合理分配，探寻释放政府数据价值的最优路径。构建科学系统的涵盖数据价值评估、数据成本管理、数据交易规则等内容的数据价值管理体系和数据交易体系。按照“谁开发，谁得益”的原则，明确政府的数据收益权，形成政府数据资源价值分配规则，建立跨部门协同收益分配机制。对于政府数据跨部门共享产生的部门成本和损失，实施跨部门协同利益补偿。此外，通过出台相关政策法规，赋予数据企业数据收益权，个人参与分享数据红利。

三 主体协同

（一）建立结构性协同机制

结构性协同机制的核心在于调整部门之间的结构关系，通过重构组织或者调整组织边界的形式来实现多部门的合作，实现政策的有效协同。

一是在国家层面成立数字中国领导小组，负责规划、统筹、协调、规范、考核关于全国范围内政府数据各方面事宜，负责国家层面政策的制定与实施。将中央网信办和国家发展和改革委员会作为开放政府数据的领导机构，跨部门指导开放政府数据工作，制定并执行与开放政府数据工作相关的行政法规和实施细则，同时对其他组织机构的数据开放工作进行审核监督，与国家预算内资金管理机制挂钩，形成激励和推动的动力。多数发达国家设立了实体管理机构，统筹政府数据开放的规划、方案制定与实施以及部门之间的协调，强化数据开放的整体、和谐的治理。

二是地方政府依据上级的机构设置开放政府数据主管部门，依据中央和各省（自治区、直辖市）的开放政府数据政策文件开展具体工作。建立统一的开放政府数据行动主体并形成从中央到地方的开放政府数据管理行动体系，有效保障开放政府数据政策的实施和执行，促进我国政府数据的开放共享。各省（自治区、直辖市）设立相应的开放政府数据领导小组，明确政府数据相关事务责任人，如首席数据官（Chief Data Officer，CDO），建立由相关领域专家组成的专家咨询小组，为开放政府数据相关政策的制定提供专业意见和建议。设立专门的数据管理和监管机构，确定专职的数据管理岗位和人员，负责对数据进行准确性核实、标准化处理以及安全性监管，对涉及国家安全、公共安全、公民隐私等方面的数据进行脱敏处理。

（二）建立程序性协同机制

程序性协同机制是借助科层制赋予政府机构的权力，建立在制度规则的基础上，通过常规的、程序性的方式来安排制度设计，推动部门之间合作，强调过程规则、秩序的重要性。我国的开放政府数据政策，应实现主体多中心化，建立和完善跨部门协同机制，促进各主体之间相互协同、相互适应，如图 6-1 所示。

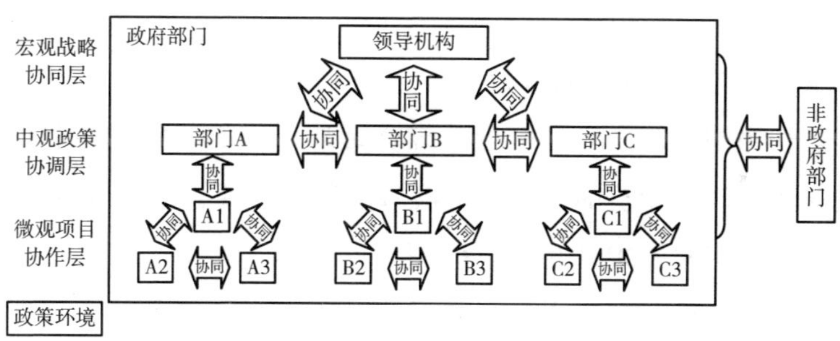

图 6-1 开放政府数据政策的主体协同

一是完善部际联席会议制度。在国家层面明确大数据发展部际联席会议的权责义务，以便发挥其协调联动作用，不断制定开放政府数据政策以完善我国开放政府数据政策体系，推进我国开放政府数据工作不断向前发展。在部际联席会议中优化部门牵头协同机制，明确工业和信息化部为牵头部门，有效吸纳发改、财政、文化等相关部门作为小组成员参与进来，组织、指导和监督各级政府和各个业务部门开展政府数据开放相关的工作。在处理跨部门的开放政府数据事务中，探索实施行政缔约制度，这也是世界各国普遍采用的解决跨部门、跨区域行政问题的新形式。例如，2021 年 1 月，黑龙江、吉林、辽宁、内蒙古签署《政务服务“区域通办”合作框架协议书》，以首批 100 项左右高频事项为重点，逐步实现区域内政务服务跨省域协同发展。

二是强化各部门之间的沟通和联系。建立协同执法机制将各部门职能进行整合，建立横向政府部门之间程序化、制度化的沟通、协商与冲突化解的机制，引入直接从事跨部门协同的业务司局和处室参加联席会议，增强联席会议制度的务实性。建立提早预测和解决政策冲突的机制、建立能够使政策优先次序与部门计划一致的决策程序、建立使政策能够适应新信息和变化环境的执行程序和监控机制。例如，美国旧金山市任命一名 CDO 负责市政数据的开放与共享，以应对不同政府部门之间的共享数据以及市民和公众在共享数据过程中产生的一系列问题；在联邦政府整体 IT 政策方面，设置了“网络安全协调人”，以进一步推动改革。[①]

（三）建立功能性协同机制

功能性协同机制主要是由行政统合延伸而来的非常规性制度安排，元政策层通过政治动员的方式来打破科层制的束缚，使上级权威可以跨级绕过既定规则来实现其政策目标。[②]

一是提升政府感知能力。政府部门、企业、公众等多方主体之间，借助数据平台等工具，促进政府数据、公共数据、企业数据之间的互通、交换、共享，实现政府数据的全感知、全融合、全智能和全触达，提高数据汇聚、在线监测、协同联通、市场运作能力。通过对动态结构化数据与非结构化数据的实时监控，运用机器学习和可视化技术绘制舆论热点图像，透视重大突发事件的先导性因素，整合关联节点，感知社会舆情动态、分析潜在风险因素、预测危险指标趋势，提高政府对突发

① 骆毅：《走向协同——互联网时代社会治理的抉择》，华中科技大学出版社，2017，第 97 页。

② 蔚超：《政策协同过程研究：以当代中国食品安全政策为例》，天津人民出版社，2019，第 210 页。

事件的感知、预测、预警和防范的能力，推动治理模式从事后应对向源头防范转型。[①]

二是提升政府监管能力。增强政府组织机构的联结互通、决策层与执行层的沟通互动，加快各省、市（地）、县（区）、乡（街道）各级标准化政务平台、智能化政务系统、政务云数据中心等智慧政务体系建设，促进行政流程的协同配合与公民参政议事，实现政府部门“分头办”转向跨部门沟通的“协同办”，通过数据技术赋能政府社会治理。[②]通过整合智慧数据平台、云计算与面向服务的架构，实现全网域资源发现、全媒体资源管理和全流程业务管理，充分发挥技术优势对政府治理活动的连接支持、传输支持和算力支持，增强政府应急处置能力。[③] 例如，2020 年，黑龙江省启动“互联网+监管”系统建设，通过大数据手段，动态完善监管事项清单，加快推进监管数据整合归集，提升事中事后监管清单化、数据化、协同化、立体化水平，为深化“放管服”改革、进一步优化营商环境提供强有力的支撑。

四　客体协同

（一）完善政策体系

一是加强政策体系整体性。建立一个“开放共享”的开放政府数据整体政策框架，从中央到地方政府、政府和市场、国家和社会等方面构建新的国家法律政策体系。开放政府数据政策框架应以多元主体参与和政策体系过程复合为基本特征，以政府与其他主体的制度环境和互动为重点，构建政府协商方式的数据开放网络和关系契约，实现政府、企业、社会和公众多元治理的新格局。依据《促进大数据发展行动纲要》《国家信息化发展战略纲要》等战略性政策文件的指导，各地数据开放

① 洪伟达：《以智慧化推动治理现代化》，《台州日报》2020 年 5 月 27 日。

② 洪伟达：《让城市更聪明、更智慧——以智慧化推动治理现代化》，《黑龙江日报》2020 年 5 月 21 日。

③ 洪伟达：《让城市更聪明、更智慧——以智慧化推动治理现代化》，《黑龙江日报》2020 年 5 月 21 日。

政策应分为宏观政策、具体政策和补充政策。宏观政策的基本内容应包括政府数据开放的目标、原则、计划、领导组织机构以及推进措施等；具体政策，就是关于政府数据某些方面的直接、具体的政策；补充政策是指对开放政府数据政策进行解读的一系列政策，补充以上两种政策的遗漏或没有明确说明的内容。三种开放政府数据政策相互补充协调，构成完整的开放政府数据政策体系。通过立法或者修改现行法律法规（如将《政府信息公开条例》上升为《政府信息公开法》），增加对政府数据的开放、共享、利用等方面的规定，明确鼓励对政府数据开放的原则，对开放政府数据的责任、范围、标准、方式、机制、平台、利用、安全、隐私保护等方面做出引导和规范，强调机器可读方式、非歧视原则，保障政府数据在保证数据安全和隐私的前提下最大限度地开放，使各级政府和部门在推动政府数据开放和进行数据治理时有法可依、有章可循。加强政府数据开放过程中政策的引导，为各级政府部门制定开放政府数据相关政策提供指导。

二是加强政策体系的连贯性。在地方层面制定政策时，不仅应依据党中央的指导意见制定地方开放政府数据政策，并将政策细化；同时应依据现实情况，建立政府机关公共机构数据资源清单和政府数据开放的负面清单，制定、调整、延续开放政府数据的短期计划，形成完整的开放政府数据计划周期，保证持续有效地推动开放政府数据工作，增强政策的确定性与可预测性。发达国家十分注重战略部署的全局性，在推进政府数据开放过程中不断推出系列连贯的开放政府数据行动计划予以保证。例如，欧盟公共部门信息（Public Sector Information，PSI）方针中提出了一种通用的立法框架，PSI 出台之后，相继出现很多方针和指南。[①]

（二）保障数据安全

在数据开放的同时保障数据安全，这是一项系统工程，有赖于开放

① 杨孟辉：《开放政府数据：概念、实践和评价》，清华大学出版社，2017，第 100 页。

政府数据生态系统中的各主体，即政府、数据利用者以及作为数据消费者的公众的协同配合。[①]

一是理顺已有法律关系。注重政府数据开放法律制度与已有法律法规之间的关系。国家层面还没有建立数据开放共享的上位法，需要从法律角度进行规范和明确，以法律法规的形式对政府数据的开放类别、技术标准和数据口径等做出明确的规定，对数据产权、数据定价等数据交易的核心问题做出明确规定。依据《数据安全法》制定开放政府数据安全配套标准，建立全面的、系统的、科学的政府数据安全防护体系和保护机制，确保国家机密、公共数据、个人隐私在大数据环境下受到合理的保护，运用数据库保险箱等相关安全技术，根据数据的重要性、价值、秘密程度等相关因素，对政府数据进行分级分类，并进行加密处理。[②] 制定专门的开放政府数据的安全审查标准，在开放共享前，进行风险评估和脱敏化处理，在公开后，建立风险监控机制。[③] 发达国家通过制度修订与补充完善的方式，不断健全开放政府数据法律制度，以解决数据开放与已建立的政府信息保密、隐私、安全及信息公开等法律规范之间的矛盾冲突。2018 年 5 月开始实施的欧盟《通用数据保护条例》，对如何在保护数据隐私与促进数据流动之间、如何在建立规范市场与保持商业竞争力之间取得平衡进行规定。

二是建立后续实施细则。加快关于《数据安全法》《个人信息保护法》实施细则的制定进程，细化对数据安全和个人隐私的保护。在行业、部门、地方及平台层面建设配套完善的政府数据安全管理制度，具体包括政府数据的注册制度、登记使用制度、授权许可制度、交易安全管理制度、安全保密管理制度，以落实数据安全法律法规要求。实施“疏堵结合”的保护策略：“疏”就是规划顶层设计，制定数据架构、

① 赵需要、侯晓丽、曹雨佳、彭靖：《中国政府数据开放保密审查保障机制研究》，海洋出版社，2018，第 168 页。

② 王琦、张静：《数字政府》，北京邮电大学出版社，2020，第 164 页。

③ 洪伟达：《运用大数据提升治理现代化水平》，《黑龙江日报》2019 年 11 月 22 日。

设计管理机制，建立组织架构和管理制度，采用分类处理的方式持续提升数据治理，制定和设立数据安全标准，为开放政府数据提供安全标准支撑，具体包括基础类标准、平台和技术类标准、数据安全类标准、服务安全类标准等；“堵”就是依赖技术手段，通过增加数据清洗处理逻辑的复杂度，使用数据质量工具来发现数据处理中的问题。[①]

（三）规范制度程序

一是建立制度模板。根据国家大数据战略，研究和设计一套系列性、规范性、普适性的制度程序，内容包含审核、发布、质量、责任、安全等机制，作为各政策主体基础性的制度；各政府和部门根据自身职能再设计和制定相关配套政策和实施细则，如目标、管理、经费、人员等，保证执行效率及实施效果。例如，美国和英国的开放政府数据实践中，依据战略建立了一套完整的模板策略和标准体系，其中三层驱动方法发挥了重要作用：其一是顶层强制，既可以借用外力（如英国）激励，也可以由政府内部（如美国）推动；其二是约定的且资源充足、经验丰富的政府官员组成的中间层；其三是民间社会，特别是一个小且积极的“民向高手”团体。

二是强化政策指导。加强对开放政府数据政策的指导，通过制度建设固化政府信息管理制度体系，如通过组织制度、项目建设与管理制度、政企协同制度和标准与保障制度等，对开放政府数据的范围、格式、安全、隐私、保密等各个方面进行调整和完善。明确程序建设与数据资源的关系，应从程序建设的审批和验收等环节开始做好对数据的把关，把数据目录的构建、共享数据的提供等要求与系统审批、验收相绑定，实现数据与系统间的紧密对应。

五　工具协同

（一）完善数据基础设施

一是加强开放平台建设。建立国家级的跨部门的、横向整合的、一

① 张莉：《数据治理与数据安全》，人民邮电出版社，2019，第25页。

站式的政府数据开放平台，运用大数据、云计算、数据挖掘、区块链、人工智能等技术以实时全面感知动态社会的事务变化，在各种手段的动态协调下应对政府数据治理出现的难题。但国家政府数据统一开放平台仍处于起步和完善阶段，一些重要的数据资源仍分散在各业务部门，缺乏数据全口径整合共享平台。通过云平台实现政府信息和数据公开获取与“一窗口”服务整合，推动“数据上云、服务下沉”，完善一体化在线政务服务平台，拓宽民众事务办理渠道、咨询路径和社会化参与范围，提升公共服务的即时性、透明度和参与度，加强对社会化参与的智能化引导与智慧化管控，促进多元主体协同共治治理格局的形成。[①]

二是加快智能化设施建设。通过构建包括公共基础设施、物联网感知基础设施、网络基础设施和云平台架构在内的智能化数字政府基础设施，加强对公众交互数据的实时收集、数据分析和动态处理，及时获取并感知多样化、个性化的公众需求，强化对公众需求的聚合和细化能力，进而深化政府公共服务供给侧结构性改革，提升政府的精准服务能力与主动服务效率。[②] 支持引导新型穿戴设备、智能终端、服务机器人、在线服务平台、虚拟现实、增强现实、混合现实等产品和服务研发，扩大5G在医疗、教育、养老、环保等领域的应用，构建支持大数据应用和云端海量信息处理的云计算基础设施，建设融合高新数据处理、计算能力和模型算法的人工智能服务平台、智慧数据中心，形成集感知、传输、存储、计算、处理于一体的智慧经济基础，丰富线上线下相融合的消费体验。[③]

（二）细化数据标准体系

一是出台统一的数据标准。构建包含总体要求标准、数据共享标

---

① 洪伟达：《让城市更聪明、更智慧——以智慧化推动治理现代化》，《黑龙江日报》2020年5月21日。

② 洪伟达：《让城市更聪明、更智慧——以智慧化推动治理现代化》，《黑龙江日报》2020年5月21日。

③ 洪伟达：《让城市更聪明、更智慧——以智慧化推动治理现代化》，《黑龙江日报》2020年5月21日。

准、业务管理标准、政府服务标准、技术应用标准、安全保障标准、系统集成标准等规范业务流程，建立政府数字化转型发展国家政务数字化标准体系。通过制定开放政府数据标准，保证开放政府数据的完整性、准确性、原始性、机器可读性、非歧视性、及时性，方便公众在线检索、获取和利用。针对各个数据开放平台建立共同的开放政府数据标准，准确定义数据的概念并明确数据质量的判断标准，需要各级政府对数据质量进行严格把关，删除重复数据和低质数据。目前，部分省份建立了地方数据标准，如《上海市公共数据开放分级分类指南》《贵州省大数据清洗加工规范》等。再如，《黑龙江省优化营商环境条例》规定，省人民政府应统筹建设全省一体化网上政务服务平台和移动端，根据需要和权限向各级政务服务机构开放端口，推行跨部门、跨地区、跨层级政务信息共享，实行“一网通办”，提高政府服务水平和监管效能。① 对数据开放平台、元数据、数据目录、数据格式、数据质量标准、数据访问许可等进行明确的规定，也会有利于各地开放政府数据平台的数据格式、质量趋于一致，推进数据共享，提高数据利用率。例如，工业和信息化部出台的《工业数据分类分级指南（试行）》，指导企业提升工业数据管理能力，促进工业数据的共享、流动与使用，释放数据潜在价值，赋能制造业高质量发展。例如，2020 年，黑龙江省出台《政务服务大厅建设管理规范》、《政务服务事项规范》和《政务服务事项办件及电子监察数据规范》等 8 项政务服务系列地方标准，建立全省统一的政务服务数据采集、归集、整合、传输、存储、共享、开放、利用等管理标准规范体系，归集政务服务数据资源，对接全国一体化在线政务服务平台，建设“标准化+政务服务”新模式。

二是加强数据质量监管。推行“一次采集、多方共享、同数同源、多方校核”的数据质量长效机制，通过加强对政府数据计划、获取、存储、共享、维护、应用、消亡全生命周期的每个阶段里容易引发的各

① 洪伟达：《政府数据协同治理存在的问题及应对》，《审计观察》2021 年第 4 期。

种质量问题进行识别、度量、监控、预警等管理活动，改善和提高组织的管理水平，深挖数据价值驱动业务创新，使政府数据质量得到进一步提升。[①] 在公共安全、环境保护、应急管理、卫生防疫等领域，运用大数据的挖掘、清洗、存储和可视化以及回归统计、预测模型、语义引擎、关联规则分析等技术，集事前预警、事中监控、事后管理于一体，实现全程动态管理，构建全面设防、一体运作、精确定位、有效管控的社会治理安全体系。[②]

（三）加强政策评估监督

评估和测量是对政府数据治理的有力支撑与后续保障，因此，我国应不断完善开放政府数据政策的后期评估、监管、反馈工作。

一是加强开放政府数据政策效果评估。由第三方专门机构对开放政府数据政策的过程、内容、执行效率等方面进行评估评价，将开放政府数据政策的开放度、安全度、完整度、规范度、一致度、关联度、唯一度、便利度、协同度等指标作为政府部门的重要考核指标。鼓励各地通过“晾晒台”“观政台”和公布评价指标等方式，以用户体验为导向、社会评价为驱动、效能提升为目标，对数字政府生态、数字实践创新、数字技能培训等方面进行督导、评价和考核。例如，黑龙江省通过制定“数字龙江”建设的考核评价指标体系，完善项目统筹管理机制，每年对各部门拟立项的“数字龙江”建设项目进行统一协调，但监管制度、管理流程、评估反馈等方面规定仍需要进一步明确和细化。增强公众对于政策决策的影响和在开放政府数据政策制定中的话语权，利用数字化信息技术改造、扩展并完善公众参与途径，通过构建多种畅通的双向信息交流渠道，在政策制定、政策执行、政策监督、政策评价等各环节进行数据赋能，从而简单、便捷、实时和完整地获取公众建议，保障公众数字化参与。

---

① 吕廷君：《大数据时代政府数据开放及法治政府建设》，人民出版社，2019，第 105 页。

② 洪伟达：《让城市更聪明、更智慧——以智慧化推动治理现代化》，《黑龙江日报》2020 年 5 月 21 日。

二是加强对开放政府数据政策的实施监督。注重开放政府数据战略实施的效果评估。开放政府数据政策是数据开放的重要环节基础，政策的制定和出台一定程度上代表了政府对开放数据运动的重视程度和发展规划，对相关政策进行评价有利于研判我国各级政府数据开放政策的可行性和合理性。加大开放政府数据政策结果的监督和问责力度，加大对开放政府数据风险评估的力度，建立开放政府数据安全预警机制和网络舆情监控机制，能够保障国家数据主权、公共数据以及个人隐私的安全。例如，丹麦政府数字化机构中设置了分析与政策部（Analysis and Policy Division），由其负责对整个公共部门的整体电子化政策进行分析，并推动完善和发展。①

第二节　加强开放政府数据政策体系子系统的协同

构建开放政府数据政策体系、推动政府数字化转型，是政府主动适应快速变化的数字化时代要求，以现代信息技术为支撑，对政府职能、业务流程、管理机制、运作模式、组织结构等进行系统性重塑，形成政策主体子系统、客体子系统、运行子系统灵敏感知、科学决策、协调合作、高效服务的协同运行模式，全面推动国家治理体系和治理能力现代化。

一　加强政策主体子系统协同

（一）加强简政放权和服务型政府建设

一是消除纵向体系壁垒。实现内部多维度协调，由以往强调纵向业务系统建设转为强调横向联通能力，打通纵向与横向的数据界限，加快建设覆盖全国的整体联动、部门协同、省级统筹、一网办理的“互联

① 洪伟达、马海群：《我国政府数据治理协同机制的对策研究》，《图书馆学研究》2019年第19期。

网+政务”服务体系。省级政府要在省域范围内整体推动数据治理体系建设，制定与发布数据治理顶层设计，构建涵盖新型基础设施、数据资源体系、政策法规体系、组织领导体系、标准规范体系、数据治理体系、安全保障体系、运行维护体系和开放创新体系的全方位、立体化数据治理体系。

二是加强省级数字政府建设。省域治理作为国家治理的中间层，不仅要突出强调国家治理层面政策在辖域空间的落实执行，更要体现出省域治理的积极性、主动性和创造性，各省根据不同发展根基、资源禀赋、优势特长和现实问题等，锐意改革、守正创新，打造数据治理赋能省域治理现代化的“数字品牌”。[①] 省级政府应以数字政府建设为抓手，全面推动省域内政府数字化转型，通过辖区内市域、县域治理单位横向之间的相互竞争和学习，建立省—市—县—乡多层级、全领域政府上下互动的机制，形成市、县试点、探索、创新，省级自下而上总结、提炼、拔高，成为阶段性统一方案，自上而下培训、指导、推广的“从基层来、到基层去”的数字政府创新建设过程。省级政府应通过促进数据共享、统一技术标准、健全法律法规，借助绩效考核评比“指挥棒”，激励各主体积极投入数据治理，发挥省域治理的整体效能，承上启下协同推进数据治理体系建设。省级政府应通过加强数据治理，在省级层面精准落实中央政策，准确把握省域治理现代化的目标定位，发挥省域治理的体制、区位、产业、生态、资源、环境、人文等方面优势，综合推进省域治理的系统化、法治化、综合化和源头化。省级政府通过一体化的数字政府建设，尤其是借助“最多跑一次”“一网通办”“接诉即办”等数据治理新实践，固根基、扬优势、补短板、强弱项，全面推进和深化改革，优化空间集群化产业结构，统筹各市（地）、县（区）城镇化发展进程，协同各地数字政府和智慧城市建设的总体布局，通过高质量发展将制度优势转化为数据治理的整体制度效能。

① 张建锋：《数字治理：数字时代的治理现代化》，电子工业出版社，2021，第66~67页。

（二）加强区域性程序性协调机制建设

一是打通堵点。依托一体化政务服务平台和政务服务机构，着力打通业务链条和数据共享堵点，让“数据多跑路”，加快跨区域、跨层级、跨部门的数据交换和共享，通过数据和信息的交互，优化服务流程，推动服务流程再造，让部门之间实现职能优化、协同高效。加快推动政府服务跨区域办理，这种跨地区的协作主要体现为业务系统的互联互通、信息资源的共享开放和业务流程衔接协同。整体政府的建设是在不消除政府部门原有组织边界前提下，通过构建协同治理机制，实现交互协作和一体化的管理方式。

二是加强协作。促使职能各不相同的部门之间加强协同合作，打造整体式的组织结构，在部门之间建立健全统筹协调机制，充分利用统筹协调机制的纵向工作指导和横向工作协调能力，形成合作合力。例如，贵州省强化顶层设计，注重发挥除省政府和省政府办公厅之外省大数据发展领导小组、省大数据局、省发改委、省质量技术监督局等主体在政策制定过程中的作用；浙江省充分调动各部门资源，发挥其协同作用，于2016年由省发改委和经信委联合发布《浙江省信息化发展“十三五”规划（“数字浙江2.0”发展规划）》。

（三）加强地区内行政性协调机制建设

一是推动政府数据管理机构改革。强化大数据管理部门在开放政府数据工作中的核心地位，在明晰开放政府数据权责的基础上，通过优化再造服务流程实现数据“赋能”与“赋权”有机结合，加强部门之间的沟通、协调、协作，深化大数据管理部门与其他部门之间协同的深度和广度。省级层面开展数据治理，有利于从宏观层面带动数字经济、数字社会、数字文化、数字生态的协同发展，通过省域范围内的公共服务均等化，最大限度地普惠辖区人民。以省（自治区、直辖市）为单位进行统合，制定省级数据治理协调推进的法规政策，提供适合省域发展的配套体系。

二是开展省市数据治理“先试先行”。其一，协同配合更为高效。

通过构建“统一领导、上下衔接、运作高效、统筹有力、整体推进”的数据治理领导体系，有利于整体协调和多部门配合，省市设立数字政府领导小组、办公室等专业管理和协调机构，负责统筹协调，审定相关发展规划和重大政策措施，协调解决全局性和方向性问题，实现跨部门人员、资源、权力、技术、责任的协调和解决，促进数字政府转型项目的高效化、持续化管理运作。其二，责任划分更为明确。通过纵向激励、横向重组、量化考核等方式，协调和调动各方参与数据治理的意愿和积极性，不断健全数据治理监督考察评价机制，以路线图、任务书、时间表、量化目标等方式，细化和明确落实责任。其三，实践创新更为主动。通过省域的制度设计、部门分工、财政支持、技术指导、专项督查和考核评价等，省级政府能够充分调动下级政府部门的积极性，确保市域数据治理的全面、系统、顺利实施。其四，安全风险更为可控。通过顶层设计和在多元协作的理念支持下，联动政府、企业和个人，共同树立安全认知理念，共同提高防护措施，使省级层面对数字化改革实践中产生的风险具有更高的控制权，从制度设计、主体协同及理念认知上，更为科学合理地把握国家战略部署，凝聚各方力量，统筹数据治理短期发展和长远发展过程中可能产生的风险。①

二 加强政策运行子系统协同

（一）供给型政策工具

一是加强开放政府数据标准体系建设。建立覆盖“数据—业务—管理”的标准体系，政府数据的标准体系是政府数字化管理平台标准化工作的顶层设计，通过全面规划系统关键标准，推动技术成果固化和转化、产业链上下游合作共享，在经验沉淀与创新发展间嫁接桥梁，充分发挥“标准化+数字化平台”的最大价值。② 重点在国家层面建立统

① 张建锋：《数字治理：数字时代的治理现代化》，电子工业出版社，2021，第68~72页。

② 洪伟达：《实现数据“赋能”与“赋权”有机结合 数字政府建设的五个着力点》，《黑龙江日报》2021年2月12日。

一的涵盖政府数据收集、存储、开放、共享、利用全生命周期的技术标准和操作流程。例如，贵州省通过制定《大数据产业发展引导目录（试行）》《政府数据 数据分类分级指南》《政府数据资源目录 第1部分：元数据（试行）》《政府数据资源目录 第2部分：编制工作指南》《政府数据 核心元数据 第1部分：人口基础数据》《政府数据 核心元数据 第2部分：法人单位基础数据》等规范和标准，促进政府数据的开放共享和开发利用，实现政府数据价值的最大挖掘利用。浙江省通过制定《关于政务公开五年行动计划（2021~2025年）的通知》《关于加快推进政务服务“跨省通办”“全省通办”工作的实施意见》《关于新型基础设施建设三年行动计划（2020~2022年）的通知》《关于全面推进政务公开工作的实施意见》《关于全面推进政务公开工作实施细则的通知》《关于政务服务网信息资源共享管理暂行办法的通知》《关于“互联网+”行动计划的通知》《关于数字化转型标准化建设方案（2018~2020年）的通知》等政策，加大政府数据服务的保障力度。广东省通过制定《电子政务数据资源开放数据技术规范》《关于推进新型基础设施建设三年实施方案（2020~2022年）的通知》《关于“数字政府”建设总体规划（2018~2020年）的通知》《关于“数字政府”建设总体规划（2018~2020年）实施方案的通知》《关于推进政务服务“跨省通办、省内通办”工作方案的通知》《关于依托“数字政府”一体化在线政务服务平台便利企业群众办事减少跑动的通知》等政策，对政府数据的基础设施、规范标准、公共服务等方面进行了规范。

二是打造多元人才聚合的数据人才结构。制订政府数字化转型人次培养计划，加强数据人才队伍培养。实施精准人才政策，加大对数据专业人才招考力度，积极培育、引进、使用数据技术型人才，加大数据人才团队引进力度。建立数据人才保障体系，形成长期稳定的数据人才梯队。

（二）需求型政策工具

一是充分发挥市场机制。发挥市场机制在政府数据开放共享、开发利用中资源配置的决定性作用，加大政府采购和服务外包力度，提升政府数据要素市场化配置效率，聚合技术、人才、资金、物资等要素，推动政府数据生产要素的集约化整合、网络化共享、协作化开发、高效化利用，引导市场主体采用 PPP（Public-Private Partnership，政府和社会资本合作）、BOT（Build-Operate-Transfer，建设—经营—移交）、BT（Build-Transfer，建设—移交）、TOT（Transfer-Operate-Transfer，移交—经营—移交）、BOO（Build-Own-Operation，建设—拥有—经营）等多种模式开发利用政府数据。[①]

二是大力发展数字经济。迎合产业数字化、数字产业化发展机遇，推动高新节能产业数字化发展，催生兼顾经济动能结构化调整与风险管控的新型经济动脉，以数据融合加速传统产业转型升级，优化布局和培育数字经济、生命健康、新材料等战略性新兴产业和未来产业。[②] 例如，贵州省通过制定《关于加快大数据产业发展应用若干政策的意见》《大数据产业发展应用规划纲要（2014~2020 年）》《关于加快发展大数据产业的实施意见》《数字经济发展规划（2017~2020 年）》《“万企融合”大行动打好“数字经济”攻坚战方案》《关于促进大数据云计算人工智能创新发展加快建设数字贵州的意见》等政策，促进大数据产业和数字经济的发展。浙江省通过制定《关于加快推进 5G 产业发展的实施意见》《关于促进大数据发展实施计划的通知》《关于加快推进“一转四创”建设“互联网+”世界科技创新高地行动计划的通知》等政策，推动数字化转型发展。广东省通过出台《关于珠江三角洲国家大数据综合试验区建设实施方案的通知》《关于建设国家数字经济创新发展试验区工作方案的通知》，推动数字经济创新、高质量发展。

① 洪伟达：《黑龙江省加强数据治理的对策研究》，《学理论》2020 年第 3 期。

② 洪伟达：《让城市更聪明、更智慧——以智慧化推动治理现代化》，《黑龙江日报》2020 年 5 月 21 日。

（三）环境型政策工具

保护数据安全。2017 年 12 月 8 日，习近平总书记强调，要加强信息基础设施的安全保护，加强国家重点数据资源能力建设，增强数据安全预警和可追溯性，加强政策、监管和法律的统筹协调，加快法律法规建设。[①] 我国应贯彻国家总体安全观，重点通过法律、制度和标准等手段明确国家安全、社会安全和个人隐私的保护边界，为政府数据资源的开放利用划清合法范围，通过数据管理分级、分层、分权限等方式加强政府数据安全性，建立安全审查和风险监控机制。各地区、各行业也应根据相关法律要求，制定更为具体细致的实施指南。例如，贵州省通过制定《大数据安全保障条例》《“数据铁笼”工作推进方案》《大数据清洗加工规范》《政府数据　数据脱敏工作指南》《政务数据资源管理暂行办法》《应急平台体系数据管理暂行办法》《政府数据资产管理登记暂行办法》等政策，加大政府数据的安全保障力度。又如，浙江省制定《公共数据开放与安全管理暂行办法》，以政府规章的形式明确公共数据应开尽开的原则，提出数据分类分级开放的要求，形成数据授权开放、脱敏处理的机制。

三　加强政策客体子系统协同

（一）加强开放政府数据政策的顶层设计

提升法律政策的战略性、系统性和协同性，形成目标明确、规则清晰、可操作性强的制度规范，通过法律政策、体制机制、组织结构、建设架构“四位一体”的顶层设计实现服务型政府目标。中央政府要通过国家数字化发展战略和顶层设计，配合开放政府数据政策法规，推动全国政府服务一体化建设，建设全国统一的大数据体系，推动各地各级政府建立健全开放政府数据的组织架构、职能部门和制度法规，进而通

① 《习近平：推动实施国家大数据战略加快建设数字中国》，http：//www.xinhuanet.com/2017-12/09/c_ 1122084706.htm。

过全国层面开放政府数据政策的整体效应，加快社会主义制度在市场化、产业化、城镇化、法治化和国际化等众多领域的完善，并在这个过程中发挥总揽全局和顶层设计的宏观引领和指导作用。中央政府要从国家层面强化对数据治理体系的宏观调控和战略管理，缩小和弥补区域间、城乡间数字政府建设的差距，缩小“数字鸿沟”，在促进政府数据治理体系均衡、协调发展的同时，带动经济、社会、文化、生态等诸多领域更加均衡、协调发展，激发出社会主义制度公平正义的整体性优势。中央政府要分级分层稳步推进政府数据治理体系建设，尊重差异、办出特色。开放政府数据政策体系的建设要秉承政策统一性和地方执行灵活性相统一的原则，既要通过不同类别、不同层级的政策体系群，分步骤积极稳妥地自上而下逐级推进政府数据治理的总体目标，又要根据地方政府所处的实际情况灵活变通，创造性地建设具有地域特色、差异功能和个性化风格的政府数据治理体系。①

（二）构建开放政府数据法律政策体系框架

加快推动和制定完善《政府数据开放法》等开放政府数据相关的法律法规，对政府数据开放共享、开发利用的目标、原则、范围、程序、标准等方面做出明确规定。2020 年 12 月 31 日，中央全面深化改革委员会第十七次会议通过的《关于建立健全政务数据共享协调机制加快推进数据有序共享的意见》指出，建立健全政务数据共享协调机制、加快推进数据有序共享，要坚持统筹协调、应用牵引、安全可控、依法依规，以业务协同为重点，加强技术创新、应用创新、模式创新，全面构建政务数据共享安全制度体系、管理体系、技术防护体系，打破部门信息壁垒，推动数据共享对接更加精准顺畅，提升法治化、制度化、标准化水平。②

① 张建锋：《数字治理：数字时代的治理现代化》，电子工业出版社，2021，第 65 页。

② 《习近平主持召开中央全面深化改革委员会第十七次会议》，https://baijiahao.baidu.com/s?id=1687536708665462341&wfr=spider&for=pc。

（三）建立健全政务数据共享协调机制

制定数据开放共享、业务流程再造、互联网政府服务等方面的配套制度，修改和完善与开放政府数据要求不匹配的行政规范性文件。① 例如，贵州省确立大数据立法先行先试导向，数字司法领域积极探索，数权保护勇于创新，在大数据开放共享、安全等领域制定法律效力性规范，分别于 2016 年制定国内首部省级大数据法规——《大数据发展应用促进条例》和 2020 年制定《政府数据共享开放条例》。浙江省于 2017 年实施国内首个省级公共数据和电子政务管理办法——《公共数据和电子政务管理办法》。广东省于 2018 年制定《政务数据资源共享管理办法（试行）》，加强对政务数据资源的管理。

第三节　提高开放政府数据政策外部环境的协同

开放政府数据政策不是孤立存在的，其应与其他国内外的政策保持协同，才能更好地发挥政策效果，实现政策目标。

一　与国内其他政策的协同

习近平总书记在致首届数字中国建设峰会的贺信中强调，加快数字中国建设，就是要适应我国发展新的历史方位，全面贯彻“创新、协调、绿色、开放、共享”新发展理念，以信息化培育新动能，用新动能推动新发展，以新发展创造新辉煌。② 开放政府数据政策体系构建作为推动国家治理体系和治理能力现代化的战略支撑，是数字中国的重要组成部分，是优化营商环境、推动社会经济高质量发展的重要抓手和引擎，是践行新发展理念、增强发展动力、增强人民福祉的必然

① 洪伟达：《政府数据协同治理存在的问题及应对》，《审计观察》2021 年第 4 期。

② 《习近平致信祝贺首届数字中国建设峰会开幕》，http：//www.gov.cn/xinwen/2018-04/22/content_ 5284935.htm。

选择。[①]

（一）与政治政策的协同

我国正处于从“数据大国”迈向“数据强国”的历史进程中，必然会走出一条具有中国特色的数据治理之路，以数据治理推动和实现治理体系和治理能力现代化。发挥社会主义制度优势，由党统揽全局、协调各方，对国家数据治理体系进行顶层设计，加快社会主义数据法治化进程，推动数据资产立法工作，做到数据治理“于法有据”。加强“条块结合”，发挥人大、政府、政协、监察、司法等部门优势，明确部门数字化职能，压实部门数据治理责任，摸清部门数据资源“家底”，打破数据孤岛，主动向社会开放数据。全面纵深推进数字中国、网络强国战略的落实，积极构建宽领域、多层次、全方位的开放政府数据格局，推进政府数据开放共享，优化经济治理基础数据库，建立促进旅游、交通、医疗、就业、教育、社保、地理、文化、农业、环境、气象等数据资源开放和流动的制度规范。各级政府部门贯彻落实《国务院办公厅关于加快推进政府服务“跨省通办”的指导意见》，依托一体化政务服务平台和政务服务机构，加快推动各地区、各部门之间数据共享交换，制定出台新一批数据共享责任清单，打通业务链条和数据共享堵点，推动政府服务跨区域办理。

（二）与经济政策的协同

我国应将数据作为重要战略资源，加快培育数据要素市场，释放政府数据资源价值，为经济高质量发展提供持续的新动力和增长点。在全国各地区范围内集聚经济社会要素流，培育数据产业和数字经济新产业、新业态和新模式，聚集数据产业发展要素，引导数据产业与人工智能、文化旅游、农业产品等领域相结合。增强数字政府的影响力和带动力，引领和带动数字政府生态系统内各参与方的协调联动发展，突出发挥行业协会和商会的作用，推动人工智能、可穿戴设备、

---

① 王益民：《数字政府》，中共中央党校出版社，2020，第1页。

车联网、物联网等领域数据采集标准化。构建农业、工业、交通、教育、安防、城市管理、公共资源交易等领域规范化数据开发利用的场景。

（三）与文化政策的协同

推动数字文化产业高质量发展，增强国家文化软实力，建设社会主义文化强国。培育壮大云演艺、云展览、数字艺术、沉浸式体验等文化新型业态，推动超高清、大数据、云计算、人工智能等数字技术在文化产业和文化事业领域的深度融合和创新应用，加快传统文化与信息技术有机融合，把握数字文化产业发展态势，激发数字文化产业创新潜力。完善智慧公共文化服务体系，优化公共数字文化资源结构，对接公共数字文化服务平台，加强公共数字文化资源整合。推动公共数字文化服务从政府供给导向向群众需求导向转变，坚持全方位、一体化地为群众需求服务的导向，提高企业、公众等其他主体的参与度，形成多主体共同建设和开发公共数字文化的局面。

（四）与社会政策的协同

提升公共服务的精准度，建立医疗、教育、社保、交通、就业、养老等公众关注领域线上线下融合互动的社会公共服务供给体系，实现全国一体化在线政务服务平台的对接融通。加强大数据与小数据分析相结合，实现公众个性化需求的聚合与细化，准确把握社会和公众的需求导向，充分运用智慧技术进行公共服务重塑和再造，设置个性化服务定制通道，建立业务协同、共建共享的智慧公共服务体系，拓展服务内容，扩大服务覆盖面，实现精准管理社会事务的目标。立足新时代国情社情农情，将数字乡村作为数字中国建设的组成部分，加快城乡数字化协调发展，整体带动和提升农业农村高质量发展，开启城乡融合发展和现代化建设的新局面。通过数据赋能进一步解放和发展数字化生产力，加快构建集知识更新、技术创新、数据驱动于一体的乡村经济发展政策体系，加快以数字化推进农业农村现代化，优化提升“三农”数字化服务水平，建设层级更高、结构更优、可持续性更好的乡村现代化经济体系和精准、灵敏、高效的现代乡村社会治理体系。[①]

二 与国际政策的协调

新一轮科技革命以及全球格局重塑，使世界各国都将面对高度不确定性，快速变化的国际和国内环境、经济和社会的矛盾冲突呈现复杂多变的格局。我国应通过促进国内国际开放政府数据政策的相互协调，加强政府数据国际治理。

（一）构建人类数字命运共同体

当前，以大数据、云计算、人工智能等为代表的信息技术日新月异，引领了社会生产新变革，拓展了全球治理新领域，极大提高了人类认识世界、改造世界的能力，使人类结合为密不可分的命运共同体。习近平总书记在向 2021 年世界互联网大会乌镇峰会致贺信中强调，中国愿同世界各国一道，共同担起为人类谋进步的历史责任，激发数字经济活力，增强数字政府效能，优化数字社会环境，构建数字合作格局，筑牢数字安全屏障，让数字文明造福各国人民，推动构建人类命运共同体。[②]

我国应遵循秉持多边主义、兼顾安全发展、坚守公平正义三原则，积极参与全球数据治理进程和国际数据规则制定，强化国际合作，促进国际数据治理新的格局和框架的形成，提升在国际上的数据话语权，共同构建和平、安全、开放、合作、有序的人类数据命运共同体。在面对气候、环境、生态、人道主义以及重大公共卫生事件（如新冠疫情）等涉及全人类公共利益时，应让这些数据得到充分、自由的开放和获取，利用技术的力量不断驱动数据造福人类，将人类命运牢牢掌握在自

① 《中央网信办等四部门联合印发〈2020 年数字乡村发展工作要点〉》，http：//www. cac. gov. cn/2020-05/08/c_ 1590485983517518. htm。

② 《习近平向 2021 年世界互联网大会乌镇峰会致贺信》，http：//www. gov. cn/xinwen/2021-09/26/content_ 5639378. htm。

己的手中，共同创造出更加美好的未来。

（二）建立国际数据治理新规则

2021 年 9 月 29 日，联合国贸易和发展会议发布的《2021 年数字经济报告（数据跨境流动和发展：数据为谁而流动?）》指出，国际和国家层面上的数据跨境流动政策走向，不仅影响贸易、创新和经济进步，还将影响与数字化成果分配、人权、执法和国家安全有关的一系列问题。[①] 习近平总书记在第二届世界互联网大会上指出，面对网络空间的无国界，各国需要共享共治，网络主权离不开治理有序，需要各国共同推进，共同建构网络空间命运共同体。[②] 随着数据价值的日益凸显，各种显性或隐性数据壁垒将成为国际贸易新的障碍。

我国在坚持独立自主和对外开放相统一原则的基础上，通过参与制定数据安全全球规则，积极参与数据保护国际规则的制定，促进数据保护方面的国际交流与合作，推动与其他国家、地区、国际组织之间的数据保护规则、标准等互认。继续坚持政府数据开放政策，以更大的决心和力度积极推动新一轮的改革开放，打破数据壁垒和数据垄断，扩大数据产业的开放领域，促进数据视需要尽可能自由地跨境流动，强化和扩大关于数据资产管理的国际共识，促进世界各国共同发展。将数据贸易规则的范围扩展到跨境流动、数据安全、网络服务、产权保护等深层环节，形成具有中国特色的数据治理规则，有利于中国在数据贸易规则制定中获得更多的话语权，从而引领以数字技术和数字经济为驱动力的新型全球化。积极参与联合国、APEC 或其他国际组织框架下跨境隐私规则等得到较多国家认可的区域数据保护体系，避免关于数据跨境流动监管的国际辩论陷入僵局，为我国数据跨境合作与开发利用争取较为宽松的国际规则空间，提供本国的数据跨境流动规则，针对不同场景设置多

① 《2021 年数字经济报告（数据跨境流动和发展：数据为谁而流动?）》，http：//www. sohu. com/a/494937998_ 121124365。

② 《习近平在第二届世界互联网大会开幕式上的讲话》，http：//www. xinhuanet. com/politics/2015-12/16/c_ 1117481089. htm。

样化的数据跨境流动机制，推动建立数据跨境流动行业自律制度。

（三）防止和遏制数据霸权主义

（公共）数据在为人类提供海量知识和生活便利的同时，也带来了一定程度潜在的混乱与无序，国家与国家之间、政府与公民之间、人与人之间甚至现实与虚拟之间的界限被不断弱化和虚化，国家、社会和个人的数据安全都面临严峻挑战。部分霸权主义国家利用技术优势长期对他国实施信息和数据的侵入、窃取、监控、攻击等恶意行为，严重危害着全球（公共）数据环境的公平和正义。部分发达国家实行的数据垄断和数据霸权，严重破坏和伤害了数据民主。各种非法、有害信息和数据的传播，也破坏了国家内部社会的和谐稳定。例如，美国出台的《情报网络空间安全的国家战略》首次界定了“网络空间”的定义，提出“情报网络空间功能的正常运行对我们的经济和国家安全都至关重要”。[①] 欧盟通过出台不同政策法规，加强数据开放和利用过程中对数据主权、数据安全和个人数据的保护。

2021 年 9 月，由中国发起的《全球数据安全倡议》提出，积极维护全球供应链的开放、安全和稳定；反对利用信息技术破坏他国关键基础设施或窃取重要数据；采取措施防范制止利用信息技术侵害个人信息，反对滥用信息技术从事针对他国的大规模监控；要求企业尊重当地法律，不得强制要求本国企业将境外数据存储在境内；未经他国允许不得直接向企业或个人调取境外数据；企业不得在产品和服务中设置后门。[②]

① 张建锋：《数字治理：数字时代的治理现代化》，电子工业出版社，2021，第 37 页。

② 《全球数据安全倡议》，https：//baike. baidu. com/item/%E5%85%A8%E7%90%83%E6%95%B0%E6%8D%AE%E5%AE%89%E5%85%A8%E5%80%A1%E8%AE%AE/53569765?fr=aladdin。

第七章　结论

第一节　研究的主要结论

目前，开放政府数据政策是我国大数据国家战略的重要组成部分和实施手段，国家大数据战略提出要建立政府数据开放共享的政策体系。本研究对我国开放政府数据政策体系的协同状况进行研究，通过分析和对比国外部分发达国家开放政府数据政策发展状况，总结和借鉴这些国家和地区在政策协同方面的成功经验，在解析我国开放政府数据政策协同运行机理的基础上，采用文本分析和内容分析法等方法，对我国省级以上政府部门出台的开放政府数据政策文本的协同状况进行分析，找出我国开放政府数据政策协同方面存在的不足之处以及原因所在，提出我国加强开放政府数据政策协同的对策，旨在推动我国开放政府数据政策体系效能。研究结论主要有以下几个方面。

一　我国应学习借鉴国外开放政府数据政策协同经验

开放政府运动起源于西方，美国、欧盟、英国等国家和地区的开放政府数据政策起步较早，已经形成相对完善的政策体系，在政策理念、政策目标、政策主体、政策客体、政策工具等方面具有较为成功的协同经验和做法，我国应通过学习借鉴国外发达国家和地区在开放政府数据政策协同方面的成功经验，弥补我国开放政府数据政策协同方面存在的不足，并立足于本国国情实际，构建和完善具有中国特色的开放政府数据政策体系。

二　我国应运用系统思想解析开放政府数据政策体系

开放政府数据政策作为一个协同开放的生态系统，其活动应当把每一个要素、子系统放在系统里，对开放政府数据政策各利益主体的需求和利益关系的分析，从整体视角出发，从要素与要素、子系统、系统以及环境之间的相互作用、相互关系和相互制约中，对政府数据全生命周期过程进行实证考察和辩证分析，分析开放政府数据政策协同运行的机理，找出影响因素，这样才能从系统整体上实现最优化开放政府数据政策体系的目标。

三　我国应通过政策协同完善开放政府数据政策体系

目前，我国开放政府数据政策体系在政策的制定、执行和评估等方面存在碎片化、协同弱、效能低等问题，不仅直接影响开放政府数据政策的实施效果，而且间接影响开放政府数据实践的应用发展。随着我国开放政府数据政策体系的不断扩大，政策协同将对政策的实施和效能产生重要影响。我国加强开放政府数据的政策协同，应重点从加强要素的协同、子系统的协同以及与外界环境的协同三个维度着手，进而保障开放政府数据政策体系合理、高效、安全地运行，实现政府治理向数据治理转型，进而提升我国政府治理体系的效能。

第二节　研究的创新

一　解析了我国开放政府数据政策协同的运行机理

本研究将开放政府数据政策看作一个由多要素、多子系统、多因素共同影响发挥效用的系统，从政策协同角度出发将开放政府数据政策作为一个有机整体进行分析，强调开放政府数据政策之间的协同作用和联动效应。采用定性研究和定量研究相结合的研究方法，从系统的角度分析我国的开放政府数据政策，通过对开放政府数据政策的政策理念、政策目标、政策主体、政策客体、政策工具以及外部政策环境之间关系的分析，将政策理念、政策目标、政策主体、政策客体、政策工具之间以及外部政策环境进行协同，拓宽开放政府数据政策研究的视域，为完善我国开放政府数据政策体系提供理论支撑。

二　深化了我国开放政府数据政策协同的实证分析

本研究通过全面收集我国 2012～2020 年省部级政府部门出台的共计 617 份开放政府数据政策，从政策强度、政策目标和政策工具三个维度科学设计了政策量化标准，并据此对收集的政策文本进行了量化打分，构建了政策效力、政策目标协同度、政策工具协同度的度量模型，从而对我国开放政府数据政策主体、政策目标和政策工具的协同演变情况进行了实证分析，为找出我国开放政府数据政策协同不足的问题和原因提供实践层面的数据依据。

三　提出了我国开放政府数据政策协同的优化对策

开放政府数据政策协同，既是一个理论上的理想状态，又是一个实践中的实施过程。在实践中，构建高效协同的开放政府数据政策体系，能够有效促进我国开放政府数据政策实践，对于贯彻实施新发展理念、坚持“以人民为中心”的发展思想、推动国家治理体系和治理能力现代化具有重要意义和推动作用。我国开放政府数据政策需要从全方位、多角度加强协同，应从理念协同、目标协同、主体协同、客体协同和工具协同等方面加强开放政府数据政策要素的协同，从主体子系统、客体子系统和运行子系统等方面加强开放政府数据政策子系统的协同以及从国内其他政策、国际政策等方面加强与外部环境的协同。

第三节 研究局限

一 政策主体需求仍需进一步分析

本研究对政策文本进行了定性化的分析，但在开放政府数据政策协同机理的分析过程中，尚未对不同政策主体中的利益相关者进行主观和定性的分析与研究。通过了解不同层级政府和部门的工作人员、企业、公众、社会组织等不同的政策主体中的利益相关者对政府数据开放共享、开发利用、安全隐私等方面的认知和需求，能够提升不同政策主体中的利益相关者的主观能动性，进一步提升政策的实施效果和政策体系的效果。

二 政策协同范围有待进一步扩展

本研究主要针对省级以上政策主体出台的政策文本的政策主体之间、政策工具之间以及政策目标之间的内部协同进行协同度的测量和分析，但是政策文本未包含副省级城市和地级城市，未对政策的实施效果进行测算和考核，未考虑主体与工具、主体与目标、工具与目标之间的相互协同，在后续研究中仍需将政策协同范围进一步扩展。

三 政策协同机理尚需进一步验证

本研究在梳理开放政府数据政策协同内涵的基础上，以政策体系论为导向，解析了开放政府数据政策体系的构成。同时，以协同理论为指导，探析了我国开放政府数据政策体系子系统和各要素之间的协同演化过程，明晰了开放政府数据政策协同的运行机理，为关于开放政府数据政策协同度的计算和测量提供理论支撑。虽然本研究是在尽可能地收集和分析现有政策文本的基础上对政策协同分析框架和模型进行构建，能够在一定程度上避免和减少主观性，但是，我国开放政府数据政策体系是否适用于我国开放政府数据政策发展的实际需要，政策协同对政府数据开放共享开发利用的效果、对数据产业和数字经济增长的影响等方面，仍需在实践中进一步加以验证。

第四节　研究展望

本研究提出了我国加强开放政府数据政策协同的对策，但是其中的有些内容虽然涉及，但浅尝辄止、不够深入，尤其是开放政府数据法治进程、开放政府数据政策评估、开放政府数据安全隐私保护等方面，仍需要进一步深化研究。

一　开放政府数据法治进程

目前，世界各国日益重视通过法律手段保障和推进开放政府数据，美国、英国、澳大利亚、加拿大等国家通过制定专门的法律或修改现有的法律等形式，加快法治化进程。由于政府数据存在产权归属、收益分配、安全保护等方面问题，我国需要尽快将开放政府数据列入立法进程，通过法律保障开放政府数据的发展。

二　开放政府数据政策评估

目前，我国开放政府数据标准不统一的情况仍然普遍存在，业务部门内部存在的数据标准化程度不高的问题，使来源单位归集到政府部门的数据五花八门，规范性不足，导致很多地方政府的数据质量难以控制。为提升开放政府数据的质量，我国应出台关于开放政府数据的相关标准，促进开放政府数据的标准化，同时加大对开放政府数据政策实施效果的评估评价力度，确保政策实施的效果。

三　开放政府数据安全隐私保护

目前，我国在数据安全和个人隐私方面还没有统一的标准。对于政府数据的开放流程以及哪些数据完全开放、哪些数据部分开放、哪些数据不能开放，仍没有明确的政策进行详尽规定，在数据安全和个人隐私保障等方面存在一定隐患。此外，新制定的数据安全和个人隐私政策应符合《数据安全法》《个人信息保护法》等法律规定，数据安全和个人隐私政策与政府数据开放共享政策之间的协同配合等方面仍需要进一步加强。

参考文献

1. 图书

陈振明：《公共政策分析》，中国人民大学出版社，2003。

高奇琦、阙天舒、游腾飞：《“互联网+”政治：大数据时代的国家治理》，上海人民出版社，2017。

赫尔曼·哈肯：《协同学引论：物理学、化学和生物学中的非平衡相变和自组》，徐锡申等译，原子能出版社，1984。

赫尔曼·哈肯：《高等协同学》，郭治安译，科学出版社，1989。

蒋敏娟：《中国政府跨部门协同机制研究》，北京大学出版社，2016。

骆毅：《走向协同——互联网时代社会治理的抉择》，华中科技大学出版社，2017。

马克思、恩格斯：《马克思恩格斯全集》第3卷，中共中央编译局编译，人民出版社，2002。

马颜昕等：《数字政府：变革与法治》，中国人民大学出版社，2021。

毛子骏：《地方政府数据开放研究》，武汉大学出版社，2019。

单志广、房毓菲、王娜：《大数据治理：形势、对策与实践》，科学出版社，2016。

孙新波、李金柱：《数据治理：酷特智能管理演化新物种的实践》，机械工业出版社，2020。

孙迎春：《发达国家整体政府跨部门协同机制研究》，国家行政学院出版社，2014。

汪霞：《嵌入与协同：公共政策执行动力源研究》，中国社会科学出版社，2015。

蔚超：《政策协同过程研究：以当代中国食品安全政策为例》，天津人民出版社，2019。

杨孟辉：《开放政府数据：概念、实践和评价》，清华大学出版社，2017。

袁庆明：《新制度经济学》，中国发展出版社，2006。

翟云：《智慧治理："互联网+"时代的政府治理创新》，国家行政学院出版社，2016。

张莉：《数据治理与数据安全》，人民邮电出版社，2019。

张楠、马宝君、孟庆国：《信息政治学：大数据驱动的公共政策分析》，清华大学出版社，2019。

张其金：《大数据时代下的产业革命》，中国商业出版社，2016。

赵需要、侯晓丽、曹雨佳、彭靖：《中国政府数据开放保密审查保障机制研究》，海洋出版社，2018。

郑磊：《开放的数林：政府数据开放的中国故事》，上海人民出版社，2018。

Albano C. S., Reinhard N., *Open Government Data: Facilitating and Motivating Factors for Coping with Potential Barriers in the Brazilian Context* (Dublin: Electronic Government, 2014).

Hilker L. M., *A Comparative Analysis of Institutional Mechanisms to Promote Policy Coherence for Development* (Brighton: OECD Policy Workshop, 2004).

Mulford C. L., Roger D. L., *Definitions and Models* (Ames: Lowa

State University Press, 1982) .

Tidd J. , Bessant J. , Pavitt K. , *Managing Innovation: Integrating Technological Market and Organizational Change* (New York: JohnWiley& Sons, 1997) .

Weston A. , Pierre-Antoine D. , *Poverty and Policy Coherence: A Case Study of Canada's Relations with Developing Countries* (Ottawa: North-South Institute, 2003) .

2. 期刊论文

白献阳、蔡昱、安小米:《政府数据开放协同机制研究——以贵州省为例》,《图书馆》2019 年第 9 期。

白献阳、孙梦皎、安小米:《大数据环境下我国政府数据开放政策体系研究》,《图书馆学研究》2018 年第 24 期。

陈朝兵、郝文强:《美英澳政府数据开放隐私保护政策法规的考察与借鉴》,《情报理论与实践》2019 年第 6 期。

陈兰杰、赵元晨:《政策工具视角下我国开放政府数据政策文本分析》,《情报资料工作》2020 第 6 期。

陈玲、段尧清:《我国政府开放数据政策的实施现状和特点研究:基于政府公报文本的量化分析》,《情报学报》2020 年第 7 期。

储节旺、丁辉:《美国政府开放数据个人隐私保护政策及对我国的启示——基于 52 个政策文本的内容分析》,《图书情报工作》2021 年第 8 期。

邓崧、葛百潞:《中外政府数据开放比较研究》,《情报杂志》2017 年第 12 期。

范丽莉、唐珂:《基于政策工具的我国政府数据开放政策内容分析》,《情报杂志》2019 年第 1 期。

洪伟达:《黑龙江省加强数据治理的对策研究》,《学理论》2020 年第 3 期。

洪伟达：《以数字政府建设推动龙江治理体系和治理能力现代化》，《奋斗》2020年第22期。

洪伟达：《政府数据协同治理存在的问题及应对》，《审计观察》2021年第4期。

洪伟达、马海群：《我国政府数据治理协同机制的对策研究》，《图书馆学研究》2019年第19期。

洪伟达、马海群：《我国开放政府数据政策协同机理研究》，《情报科学》2020年第5期。

洪伟达、马海群：《我国开放政府数据政策的演变和协同研究——基于2012~2020年政策文本的分析》，《情报杂志》2021第10期。

黄如花、李楠：《美国开放政府数据中的个人隐私保护研究》，《图书馆》2016年第6期。

黄如花、温芳芳：《我国政府数据开放共享的政策框架与内容：国家层面政策文本的内容分析》，《图书情报工作》2017年第20期。

黄如花、温芳芳、黄雯：《我国政府数据开放共享政策体系构建》，《图书情报工作》2018年第9期。

黄雯、张维冲、温芳芳：《国际组织开放政府数据政策研究》，《数字图书馆论坛》2019年第5期。

姜鑫、马海群、王德庄：《国外科研机构开放科学数据与个人数据保护的政策协同研究——基于爱丁堡大学〈数据保护政策〉的案例分析》，《档案学研究》2020年第4期。

姜鑫、马海群、王德庄：《基于质性文本分析视角的开放科学数据与个人数据保护的政策协同研究——以国外资助机构为例》，《情报理论与实践》2020年第7期。

姜鑫、王德庄：《开放科学数据与个人数据保护的政策协同研究——基于政策文本内容分析视角》，《情报理论与实践》2019年第12期。

李齐、曹胜、吴文怡：《中国治理数字化转型的系统论阐释：样态和路径》，《中国行政管理》2020 年第 10 期。

毛子骏、郑方、黄膺旭：《政策协同视阈下的政府数据开放研究》，《电子政务》2018 年第 9 期。

马丽杰、马海群：《基于 PEST 分析的发达国家开放政府数据政策特点及启示》，《图书馆理论与实践》2018 年第 5 期。

马海群、洪伟达：《我国开放政府数据政策协同的先导性研究》，《图书馆建设》2018 年第 4 期。

马海群、蒲攀：《国内外开放数据政策研究现状分析及我国研究动向研判》，《中国图书馆学报》2015 年第 5 期。

孟溦、王緦祎：《基于二维分析视角的长三角城市群政府数据开放共享政策分析》，《电子政务》2020 年第 3 期。

彭纪生、仲为国、孙文祥：《政策测量、政策协同演变与经济绩效：基于创新政策的实证研究》，《管理世界》2008 年第 9 期。

彭珊、唐少奕：《系统论视域下地方政府实现数据开放共享的逻辑路径——以贵州省为例》，《贵州社会科学》2020 年第 10 期。

蒲攀、马海群：《大数据时代我国开放数据政策模型构建》，《情报科学》2017 年第 2 期。

冉连、张曦：《地方政府数据开放中的数据安全政策研究——基于全国 33 个地级市政策文本的内容分析》，《情报杂志》2020 年第 11 期。

孙彦明、赵树宽、张福俊、李霞：《中美英政府数据信息开放共享保障机制比较研究》，《图书情报工作》2018 第 21 期。

孙迎春：《公共部门协作治理改革的新趋势——以美国国家海洋政策协同框架为例》，《中国行政管理》2011 年第 11 期。

宋卿清、曲婉、冯海红：《国内外政府数据开发利用的进展及对我国的政策建议》，《中国科学院院刊》2020 年第 6 期。

宋魏巍：《中国政府数据开放协同机制研究》，《南京社会科学》2018 年第 2 期。

谭必勇、刘芮：《我国地方政府开放数据政策研究——以 15 个副省级城市为例》,《情报理论与实践》2018 年第 11 期。

王本刚、马海群:《开放数据安全问题政策分析》,《情报理论与实践》2016 年第 9 期。

王本刚、马海群:《开放政府数据的政策比较研究》,《情报资料工作》2017 年第 6 期。

王德庄、姜鑫:《科学数据开放政策与个人数据保护政策的政策协同研究——基于利益相关者理论视角》,《情报资料工作》2019 年第 3 期。

汪涛、谢宁宁:《基于内容分析法的科技创新政策协同研究》,《技术经济》2013 年第 9 期。

王益民:《全球电子政务发展前沿与启示——〈2020 联合国电子政务调查报告〉解读》,《行政管理改革》2020 年第 12 期。

蔚超:《政策协同的内涵、特点与实现条件》,《理论导刊》2016 年第 1 期。

蔚超:《政策协同的纵向阻力与推进策略》,《云南行政学院学报》2016 年第 1 期。

吴金鹏、韩啸:《制度环境、府际竞争与开放政府数据政策扩散研究》,《现代情报》2019 年第 3 期。

夏义堃:《开放政府数据战略的国际比较与中国的对策选择》,《电子政务》2017 年第 7 期。

闫倩、马海群:《我国开放数据政策与数据安全政策的协同探究》,《图书馆理论与实践》2018 年第 5 期。

杨晨、王杰玉:《系统视角下知识产权政策协同机理研究》,《科技进步与对策》2016 年第 2 期。

杨晨、王杰玉:《中国知识产权政策的演进及协同运行机制研究》,《中国科技论坛》2016 年第 6 期。

杨晨、刘苗苗:《区域专利政策协同及其实证研究》,《科技管理研究》2017 年第 10 期。

杨晨、阮静娴：《区域知识产权政策协同及协同运行机制研究》，《科技管理研究》2017年第16期。

杨正、田进：《政府数据开放利用的政策文献计量研究——一个三维分析视角》，《情报杂志》2018年第12期。

张玲玲：《基于内容分析的政府数据开放政策协同研究》，《图书馆研究与工作》2020年第3期。

张宁、屠健：《贵州省政府开放数据政策文本分析及平台调研》，《公共图书馆》2018年第4期。

张娜、马续补、张玉振、刘怀亮、秦春秀、刘玮：《基于文本内容分析法的我国公共信息资源开放政策协同分析》，《情报理论与实践》2020年第4期。

张涛、马海群：《基于政策文本计算的开放数据与数据安全政策协同研究》，《情报理论与实践》2020年第6期。

张国兴、高秀林、汪应洛、刘明星：《政策协同：节能减排政策研究的新视角》，《系统工程理论与实践》2014年第3期。

张国兴、高秀林、汪应洛、郭菊娥、汪寿阳：《中国节能减排政策的测量、协同与演变——基于1978~2013年政策数据的研究》，《中国人口·资源与环境》2014年第12期。

张国兴、高秀林、汪应洛、郭菊娥：《我国节能减排政策协同的有效性研究：1997~2011》，《管理评论》2015年第12期。

张亚楠：《论政府数据开放立法的路径及其选择——以〈贵阳市政府数据共享开放条例〉为例》，《中国行政管理》2020年第2期。

张勇进、王璟璇：《主要发达国家大数据政策比较研究》，《中国行政管理》2014年第12期。

张晓娟、王文强、唐长乐：《中美政府数据开放和个人隐私保护的政策法规研究》，《情报理论与实践》2016年第1期。

张子良、马海群：《我国政府数据开放平台利用效果比较研究》，《数字图书馆论坛》2016年第6期。

赵晖：《论网络地理信息安全政策协同供给机制的构建》，《江海学刊》2017年第4期。

赵润娣：《多元视角下的中国开放政府数据政策环境研究》，《电子政务》2016年第6期。

赵润娣：《国外开放政府数据政策：一个先导性研究》，《情报理论与实践》2016年第1期。

赵龙文、孙倩倩：《政府数据开放中的商业秘密保护与利益协调》，《图书馆学研究》2019年第4期。

赵玉攀：《基于三维框架的中国省级政府数据开放政策分析》，《图书馆学研究》2020年第13期。

郑振宇：《发达国家政府数据开放体制机制和制度分析与启示》，《档案学研究》2018年第5期。

中国行政管理学会课题组：《我国政府数据开放顶层设计研究》，《中国行政管理》2016年第11期。

仲为国、彭纪生、孙文祥：《政策测量、政策协同与经济绩效——基于创新政策的实证研究（1978-2006）》，《南方经济》2008年第7期。

周文泓、夏俊英：《我国政府开放数据资源建设进展、问题与对策研究》，《情报理论与实践》2019年第3期。

周英男、柳晓露、宫宁：《政策协同内涵、决策演进机理及应用现状分析》《管理现代化》2017年第6期。

周志忍、蒋敏娟：《整体政府下的政策协同：理论与发达国家的当代实践》，《国家行政学院学报》2010年第6期。

朱光喜：《政策协同：功能、类型与途径——基于文献的分析》，《广东行政学院学报》2015年第4期。

Bertot J. C.：《大数据与开放数据的政策框架：问题、政策与建议》，郑磊、徐慧娜、包琳达译，《电子政务》2014年第1期。

Abella A., Marta Ortiz-de-Urbina-Criado, Carmen De-Pablos-

Heredero, "Meloda, Métrica Para Evaluar Lareutilización de Datos Abiertos", *Elprofesional de la Information*, 23 (2014), pp. 582–588.

Bakvis H., Brown D., "Policy Coordination in Federal Systems: Comparing Intergovernmental Processes and Outcomes in Canada and the United States", *Publius the Journal of Federalism*, 40 (2010), pp. 484–507.

Bates J., "The Strategic Importance of Information Policy for the Contemporary Neoliberal State: the Case of Open Government Data in the United Kingdom", *Government Information Quarterly*, 31 (2014), pp. 388–395.

Bolleyer N., "The Influence of Political Parties on Policy Coordination", *Governance*, 24 (2011), pp. 469–494.

Burgess P. M., "Capacity Building and the Elements of Public Management", *Public Administration Review*, 35 (1975), pp. 705–716.

Camarero M., Tamarit C., "A Rationale for Macroeconomic Policy Coordination: Evidence Based on the Spanish Peseta", *European Journal of Political Economy*, 11 (1995), pp. 65–82.

Candel J. J. L., Biesbroek R., "Toward a Processual Understanding of Policy Integration", *Policy Sciences*, 49 (2016), pp. 211–231.

Cejudo G. M., Michel C. L., "Addressing Fragmented Government Action: Coordination, Coherence, and Integration", *Policy Sciences*, 50 (2017), pp. 745–767.

Chadwick C., "Theoretic Insights on the Nature of Performance Synergies in Human Resource Systems: Toward Greater Precision", *Human Resource Management Review*, 20 (2010), pp. 85–101.

Chatfield A. T., Reddick C. G., "The Role of Policy Entrepreneurs in Open Government Data Policy Innovation Diffusion: An Analysis of Australian Federal and State Governments", *Government Information Quarterly*, 35 (2018), pp. 123–134.

Chudnovsky M. , Trujillo N. E. , "Conflict between Formal and Informal Rules in Policy Coordination: the Case of Child Homelessness in Mexico City", *Latin American Policy*, 10 (2019), pp. 120-143.

Clarke A. , Margetts H. , "Governments and Citizens Getting to Know Each Other Open, Closed, and Big Data in Public Management Reform", *Policy&Internet*, 6 (2014), pp. 393-417.

Elisa N. , Yang L. Z. , Chao F. , et al, "A Framework of Blockchain-Based Secure and Privacy-Preserving E-Government System", *Wireless Networks*, 12 (2018), pp. 1-21.

Gritzalis S. , "Enhancing Web Privacy and Anonymity in the Digital Era" *Informaition Management&Computer Security*, 12 (2004), pp. 255-288.

Hardy K. , Maurushat A. , "Opening up Government Data for Big Data Analysis and Public Benefit", *Computer Law&Security Review the International Journal of Technology Law&Practice*, 33 (2016), pp. 30-37.

Hey T. , Tansley S. , Tolle K. , "The Fourth Paradigm: Data-Intensive Scientific Discovery", *Proceedings of the IEEE*, 99 (2011), pp. 1334-1337.

Huang H. , et al, "Resisting by Workarounds: Unraveling the Barriers of Implementing Open Government Data Policy", *Government Information Quarterly*, 37 (2020), pp. 101-495.

Hughes C. E. , Ritter A. , Mabbit N. , "Drug Policy Coordination: Identifying and Assessing Dimension of Coordination", *International Journal on Drug Policy*, 24 (2013), pp. 244-250.

Huijboom N. , Broek T. , "Open Data: An International Comparison of Strategies", *European Journal of ePractice*, 12 (2011), pp. 1-13.

Janssen K. , "The Influence of the PSI Directive on Open Government Data: An Overview of Recent Developments", *Government Information Quarterly*, 28 (2011), pp. 446-456.

Joseph R. C. , Johnson N. A. , "Big Data and Transformational

Government", *IEEE Journals&Magazines*, 15 (2013), pp. 43-48.

Jung K., Park H. W., "A Semantic (TRIZ) Network Analysis of South Korea's 'Open Public Data' Policy", *Government Information Quarterly*, 32 (2015), pp. 353-358.

Kassen M., "A Promising Phenomenon of Open Data: A Case Study of the Chicago Open Data Projects", *Government Information Quarterly*, 30 (2013), pp. 508-513.

Kim Y. H., "International Policy Coordination Mechanism with Respect to the Moral Hazards of Financial Intermediaries", *Economic Modeling*, 28 (2011), pp. 1914-1922.

Koznov D., Andreeva O., Nikula U., Maglyas A., Muromtsev D., Radchenko I., "A Survey of Open Government Data in Russian Federation", *Knowledge Engineering and Knowledge Management*, 3 (2016), pp. 173-180.

Lee K., Leung J. Y. T., Pinedo M. L., "Coordination Mechanisms with Hybrid Local Policies", *Discrete Optimization*, 8 (2011), pp. 513-524.

Matei A., Dogaru T. C., "Coordination of Public Policies in Romania: An Empirical Analysis", *Procedia - Social and Behavioral Sciences*, 81 (2013), pp. 65-71.

Metcalef L., "International Policy Co - Ordination and Public Management Reform", *International Review Administrative Sciences*, 60 (1994), pp. 271-290.

Mieńkowska - Norkien R., "Efficiency of Coordination of European Policies at Domestic Level - Challenging Polish Coordination System", *Procedia-Social and Behavioral Sciences*, 143 (2014), pp. 867-871.

Mou Y. T., Jung W. Y., "Looking for Datasets to Open: An Exploration of Government Officials' Information Behaviors in Open Data Policy Implementation", *Government Information Quarterly*, (2021), pp. 101-574.

Nam T., "Challenges and Concerns of Open Government: A Case of

Government 3.0 in Korea", *Social Science Computer Review*, 33 (2015), pp. 556-570.

Napoli P. M., Karaganis J., "On Making Public Policy with Publicly Available Data: the Case of U.S. Communications Policy Making", *Government Information Quarterly*, 27 (2010), pp. 384-391.

Nugroho R. P., Zuiderwijk A., Janssen M., de Jong M., "A Comparison of National Open Data Policies: Lessons Learned", *Transforming Government: People, Process and Policy*, 9 (2015), pp. 286-308.

Peled A., "When Transparency and Collaboration Collide: the USA Open Data Program", *Journal of the Association for Information Science and Technology*, 62 (2011), pp. 2085-2094.

Perri 6, "Joined-Up Government in the Western World in Comparative Perspective: A Preliminary Literature Review and Exploration", *Journal of Public Administration Research and Theory: J-PART*, 14 (2004), pp. 103-138.

Peters B. G., "Managing Horizontal Government: the Politics of Coordination", *Public Administration*, 76 (1998), pp. 295-311.

Rogers D. L., Whetten D. A., "Interorganizational Coordination: Theory, Research, and Implementation", *Administrative Science Quarterly*, 29 (1984), pp. 470-472.

Rosnay M. D., Janssen K., "Legal and Institutional Challenges for Opening Data Across Public Sectors: Towards Common Policy Solutions", *Journal of Theoretical and Applied Electronic Commerce Research*, 9 (2014), pp. 1-14.

Ruijer E., Grimmelikhuijsen S., Meijer A., "Open Data for Democracy: Developing a Theoretical Framework for Open Data Use", *Government Information Quarterly*, 34 (2017), pp. 45-52.

Sharon S. D., Lyudmila V., Olga P., "Planning and Designing Open

Government Data Programs: An Ecosystem Approach", *Government Information Quarterly*, 33 (2016), pp. 15–27.

Shepherd E., et al, "Open Government Data: Critical Information Management Perspectives", *Records Management Journal*, 29 (2019), pp. 152–167.

Shergold P., "Connecting Government: Whole of Government Responses to Australia's Priority Challenges", *Australian Public Service Commission*, 112 (2004), pp. 11–14.

Tosun J., Lang A., "Policy Integration: Mapping the Different Concepts", *Policy Studies*, 38 (2017), pp. 553–570.

Vakili G., Khorsandi S., "Coordination of Cooperation Policies in a Peer-to-Peer System Using Swarm-Based RL", *Journal of Network and Computer Applications*, 35 (2012), pp. 713–722.

Yang T. M., Lo J., Shiang J., "To Open or not to Open? Determinants of Open Government Data", *Journal of Information Science*, 41 (2015), pp. 596–612.

Yannoukakou A., Araka I., "Access to Government Information: Right to Information and Open Government Data Synergy", *Procedia-Social and Behavioral Sciences*, 147 (2014), pp. 332–340.

Zou Y. L., He W., Zhang L. J., et al, "Research on Privacy Protection of Large-Scale Network Data Aggregation Process", *International Journal of Wireless Information Networks*, 26 (2019), pp. 193–200.

Zuiderwijk A., Janssen M., Choenni S., Meijer R., "Design Principles for Improving the Process of Publishing Open Data", *Transforming Government: People, Process and Policy*, 8 (2014), pp. 185–204.

Zuierwijk A., Janssen M., "Open Data Policies, Their Implementation and Impact: A Frame Work for Comparison", *Government Information Quarterly*, 31 (2014), pp. 17–29.

정훈, "A Study on the Theory and Model of Educational Policy Analysis through 4 - Dimension Policy Analysis Model of Cooper", *Public Policy Review*, 24 (2012), pp. 147-164.

송석현, et al, "A Study on the Effectiveness of Korea's Open Government Data Policy: Ecosystem Perspective", *Journal of Korean Association for Regional Information Society*, 20 (2017), pp. 1-34.

3. 学位论文

陈旭茹:《国家级开放政府数据网站服务政策调查分析》,郑州大学硕士学位论文,2018。

戴铁城:《我国横向府际间政策协同机制研究》,云南大学硕士学位论文,2017。

郭景洋:《我国开放政府数据建设的政策保障体系构建》,郑州大学硕士学位论文,2018。

李宇霄:《面向智慧城市建设的开放政府数据政策研究》,黑龙江大学硕士学位论文,2018。

吕娜:《开放科学数据与个人信息保护政策协同研究》,黑龙江大学硕士学位论文,2018。

蒲攀:《大数据环境下我国开放数据政策模型构建研究》,黑龙江大学硕士学位论文,2016。

温芳芳:《我国政府数据开放的政策体系构建研究》,武汉大学博士学位论文,2019。

熊梦月:《政府开放数据政策的协同研究》,黑龙江大学硕士学位论文,2018。

谢宁宁:《政策协同机制理论及实证研究》,北京理工大学硕士学位论文,2014。

叶立国:《系统科学理论体系的重建及其哲学思考》,南京大学博士学位论文,2010。

张月茹：《我国政府数据开放与安全政策协同研究》，黑龙江大学硕士学位论文，2018。

郑佳：《中国基本公共服务均等化政策协同研究》，吉林大学博士学位论文，2010。

4. 会议论文

Burns J. P., "Horizontal Government: Policy Coordination in China", *Paper Prepared for the International Conference on Governance in Asia: Culture, Ethics, Institutional Reform and Policy Change* (Hong Kong: City University of Hong Kong, 2002).

Erik W. J., Kevin C. D., *Governance in the Information Era: Theory and Practice of Policy Informatics* (Taylor&Francis Ltd, 2015).

Halpern N. P., "Information Flow and Policy Coordination in the Chinese Bureaucracy" in Kenneth G. Lieberthal and David M. Lampton, eds., *Bureaucracy, Politics and Decision Making in Post-Mao China* (Berkeley: University of California Press, 1992).

Jetzek T., Avital M., Bjorn-Andersen N., "The Generative Mechanisms of Open Government Data", Proceedings of the 21st European Conference on Information Systems, 23 (2013).

Lee D., *Building an Open Data Ecosystem-An Irish Experience* (ACM International Conference Proceeding Series, 2014).

Meijers E., Stead D., *Policy Integration: What Does It Mean and How Can It Be Achieved? A Multi-disciplinary Review* (Berlin: Delft University Press, 2004).

Solar M., Concha G., Meijueiro L., *A Model to Assess Open Government Data in Public Agencies* (Berlin: International Conference on Electronic Government. Springer, 2012).

5. 研究报告

OECD-DAC, "From Aid Effectiveness to Development Effectiveness: Strategy and Policy Coherence in Fragile States", Synthesis Report, 2001.

OECD, "Government Coherence: The Role of the Centre of Government", OECD Public Management Service/Public Management Committee, 2000.

Kennedy E., Millard C., "Data Security and Multi-Factor Authentication: Analysis of Requirements under FC Law and in Selected FC Member States", Queen Mary School of Law Legal Studies Research Paper, 2015.

6. 电子文献

《2021年数字经济报告〈数据跨境流动和发展：数据为谁而流动?〉》，国脉互联网，2022年8月12日，https://i-gov.cn/info/detail?id=941。

复旦大学数字与移动治理实验室：《中国地方政府数据开放报告——省域指数（2022年度）》，复旦大学数字与移动治理实验室官网，2023年1月10日，http://ifopendata.fudan.edu.cn/report。

《国务院办公厅关于加快推进"多证合一"改革的指导意见》，中国政府网，2017年5月12日，https://www.gov.cn/zhengce/content/2017-05/12/content_5193122.htm。

《国务院办公厅关于加快推进政务服务"跨省通办"的指导意见》，中国政府网，2020年9月29日，http://www.gov.cn/zhengce/content/2020-09/29/content_5548125.htm。

《国务院办公厅关于印发2015年政府信息公开工作要点的通知》，中国政府网，2015年4月21日，http://www.gov.cn/zhengce/content/2015-04/21/content_9644.htm。

《国务院办公厅关于印发进一步深化“互联网+政务服务”推进政务服务“一网、一门、一次”改革实施方案的通知》，中国政府网，2018 年 6 月 22 日，http：//www. gov. cn/zhengce/content/2018－06/22/content_ 5300516. htm。

《国务院办公厅关于印发政务信息系统整合共享实施方案的通知》，中国政府网，2017 年 5 月 18 日，http：//www. gov. cn/zhengce/content/2017-05/18/content_ 5194971. htm。

《国务院关于加快推进“互联网+政务服务”工作的指导意见》，中国政府网，2016 年 9 月 29 日，http：//www. gov. cn/zhengce/content/2016-09/29/content_ 5113369. htm。

《国务院关于印发“十三五”国家信息化规划的通知》，中国政府网，2016 年 12 月 27 日，http：//www. gov. cn/zhengce/content/2016－12/27/content_ 5153411. htm。

《国务院关于印发促进大数据发展行动纲要的通知》，中国政府网，2015 年 9 月 5 日，http：//www. gov. cn/zhengce/content/2015－09/05/content_ 10137. htm？url_ type＝39&object_ type＝webpage&pos＝1。

《国务院关于印发政务信息资源共享管理暂行办法的通知》，中国政府网，2016 年 9 月 19 日，http：//www. gov. cn/zhengce/content/2016-09/19/content_ 5109486. htm。

《国务院关于在全国推开“证照分离”改革的通知》，中国政府网，2016 年 10 月 10 日，http：//www. gov. cn/zhengce/content/2018－10/10/content_ 5329182. htm。

《国务院关于积极推进“互联网+”行动的指导意见》，中国政府网，2015 年 7 月 4 日，http：//www. gov. cn/zhengce/content/2015－07/04/content_ 10002. htm。

《全球数据安全倡议》，中国政府网，2020 年 9 月 8 日，https：//www. gov. cn/xinwen/2020-09/08/content_ 5541579. htm。

《习近平向 2021 年世界互联网大会乌镇峰会致贺信》，中国政府网，

2021 年 9 月 26 日，http：//www.gov.cn/xinwen/2021-09/26/content_5639378.htm。

《习近平在第二届世界互联网大会开幕式上的讲话》，新华网，2015 年 12 月 16 日，http：//www.xinhuanet.com/politics/2015-12/16/c_1117481089.htm。

《习近平主持召开中央全面深化改革委员会第十七次会议》，中国政府网，2020 年 12 月 30 日，https：//www.gov.cn/xinwen/2020-12/30/content_5575462.htm？tdsourcetag=s_pcqq_aiomsg。

《中国政务数据治理发展报告（2020 年）》，网易，2020 年 3 月 6 日，https：//www.163.com/dy/article/F4KU9QE40518KCLG.html。

《中华人民共和国国民经济和社会发展第十三个五年规划纲要》，中国政府网，2016 年 3 月 17 日，http：//www.gov.cn/xinwen/2016-03/17/content_5054992.htm。

《中华人民共和国国民经济和社会发展第十四个五年规划和 2035 年远景目标纲要》，新华网，2021 年 3 月 13 日，http：//m.xinhuanet.com/2021-03/13/c_1127205564.htm。

《中央网信办等四部门联合印发〈2020 年数字乡村发展工作要点〉》，中央网络安全和信息化委员会办公室、国家互联网信息办公室网站，2020 年 5 月 9 日，http：//www.cac.gov.cn/2020-05/08/c_1590485983517518.htm。

《中央网信办、发展改革委、工业和信息化部联合开展公共信息资源开放试点工作》，中央网络安全和信息化委员会办公室、国家互联网信息办公室网站，2018 年 1 月 5 日，http：//www.cac.gov.cn/2018-01/05/c_1122215495.htm。

《中共中央办公厅 国务院办公厅印发〈国家信息化发展战略纲要〉》，中国政府网，2016 年 7 月 27 日，http：//www.gov.cn/xinwen/2016-07/27/content_5095336.htm。

《中共中央办公厅 国务院办公厅印发〈数字乡村发展战略纲

要〉》，中国政府网，2019年5月16日，http：//www.gov.cn/zhengce/2019-05/16/content_5392269.htm。

《中共中央 国务院关于构建更加完善的要素市场化配置体制机制的意见》，中国政府网，2020年4月9日，http：//www.gov.cn/zhengce/2020-04/09/content_5500622.htm。

"Making Open and Machine Readable the New Default for Government Information", https：//www.federalregister.gov/documents/2013/05/14/2013-11533/making-open-and-machine-readable-the-new-default-for-government-information.

"Presidential Memorandum - Building a 21st Century Digital Government", https：//obamawhitehouse.archives.gov/the-press-office/2012/05/23/presidential-memorandum-building-21st-century-digital-government.

"Open Knowledge Foundation. What is Open Government Data", https：//ogd.okfn.org/.

"Guidelines on Open Government Data for Citizen Engagement", https：//publicadministration.un.org/en/.

7. 报纸

洪伟达：《让城市更聪明、更智慧——以智慧化推动治理现代化》，《黑龙江日报》2020年5月21日。

洪伟达：《实现数据"赋能"与"赋权"有机结合 数字政府建设的五个着力点》，《黑龙江日报》2021年2月12日。

洪伟达：《以智慧化推动治理现代化》，《台州日报》2020年5月27日。

洪伟达：《运用大数据提升治理现代化水平》，《黑龙江日报》2019年11月22日。

图书在版编目（CIP）数据

开放政府数据政策协同研究 / 洪伟达，王政著 . -- 北京：社会科学文献出版社，2023. 12
ISBN 978-7-5228-2275-4

Ⅰ. ①开… Ⅱ. ①洪… ②王… Ⅲ. ①电子政务-数据管理-风险管理-研究 Ⅳ. ①D035-39

中国国家版本馆 CIP 数据核字（2023）第 144666 号

开放政府数据政策协同研究

著　　者 / 洪伟达　王　政

出 版 人 / 冀祥德
组稿编辑 / 邓泳红
责任编辑 / 张　超
责任印制 / 王京美

出　　版 / 社会科学文献出版社 · 皮书出版分社（010）59367127
地址：北京市北三环中路甲 29 号院华龙大厦　邮编：100029
网址：www. ssap. com. cn
发　　行 / 社会科学文献出版社（010）59367028
印　　装 / 三河市龙林印务有限公司

规　　格 / 开　本：787mm × 1092mm　1/16
印　张：13. 5　字　数：192 千字
版　　次 / 2023 年 12 月第 1 版　2023 年 12 月第 1 次印刷
书　　号 / ISBN 978-7-5228-2275-4
定　　价 / 98. 00 元

读者服务电话：4008918866